AF599303

Roller & skate buissonniers

Vincent Boucard

Roller & skate buissonniers

ISBN : 979-10-422-0429-7

Pour mon frère, et Athènes...

La mémoire peut toujours nous abandonner pourvu que le jugement ne nous manque pas dans l'occasion.

Johann Wolfgang von Goethe

L'humanité est comme un skateboardeur, elle sait qu'un jour ou l'autre elle va se casser la gueule.

L'inconnu d'une fin de soirée épique

Du même auteur

Une glisse libre, 2020 Le Lys Bleu Éditions
Ça part en free-ride, 2021 Le Lys Bleu Éditions

Avant-propos

Ce livre n'aurait selon toute vraisemblance strictement aucun rapport avec une vieille émission datant de 2001, connue comme phare du paysage télévisuel, dont le principe éliminatoire d'une survie en milieu hostile est totalement contradictoire avec l'évidente solidarité des situations de crises à considérer lors d'événements périlleux. Passé ce message à caractère informatif, retrouvons ensemble le fil de notre quotidien...

Préambule

Aujourd'hui lundi 8 novembre 2022, je débute la rédaction de ce qui constituera mes mémoires de free-ride. C'est avec une joie certaine qu'il m'est donné d'initier ce projet par ces quelques premières lignes. Aussi, je vous souhaite la bienvenue dans mon passé, que vous connaissez peut être déjà, pour m'avoir aperçu, ici où là, durant ces 48 années ou ce mouvement fut véritablement une partie intégrante de ma vie. Quel mouvement ? Une mode, un style, un défi, une passion, un sport, un art de vivre, un moyen de transport, un exutoire, une quête, une recherche, la glisse. Aussi, c'est avec toute ma franchise et toute mon honnêteté qu'il me faudra écrire ces lignes, pour que ces mémoires gardent leur authenticité. Car, sensible à l'évolution de notre monde, je réalise la chance qui fut la mienne, raison pour laquelle j'ai décidé de rédiger cet ouvrage, témoignage d'une époque révolue, forcément nostalgique d'un parcours destinée à tous les futurs. Naviguant entre l'amateur éclairé et le professionnel désœuvré, je pense avoir eu un bon niveau, avec des coups d'éclat, mais aussi des flops. C'est ainsi. Tout le problème étant, lorsque l'on évoque un souvenir, reste que l'on oublie les autres. Certains diraient que l'on ne garde que les plus beaux moments en mémoire, je vous laisse en juger au fil des pages. C'est ce que je vais narrer durant ces quelques rapides chapitres.

Août 2015

J'avais prévu de rejoindre Métabief et son mont d'Or réputé pour réaliser quelques prises de vues sur la station suscitée, avec l'ambition de générer un je ne sais quoi de glisse estivale, a contrario des pentes enneigées de nos hivers de plus en plus décevants. Naturellement au départ d'Aïssey, je passais par Gonsans. Traversant ce village vers 10 h 00 du matin, j'eus soudain une pulsion avec les marches de son église et cimetière. Non pas que des amis proches ou souvent oubliés sont enterrés là, mais les escaliers me permettaient de créer une photo de saut, un gap, équipé de ma planche de freeboard. Je me gare, pose la caméra, et sans tergiverser, je m'élance de la main courante pour sauter dans le vide en tenant ma planche, mimant une cabriole dont le but était de la retoucher ultérieurement sous Photoshop. Rien que cette cabriole méritait déjà le détour, là où les jeunes se seraient réellement envoyés en l'air. Ceci fait, je devinais l'appel d'une route adjacente toute descendante offerte et quasiment abandonnée, sauf par les exploitants agricoles du cru. Ni une ni deux, je remontais la pente, posais la caméra, et engageais la descente du mont, passant presque devant chez Claude et Gisèle, mais carrément devant chez Marie Hélène et Jean-Christian. Un carving d'une simplicité redoutable, une godille efficace, le slalom heureux, je descendis tout droit jusqu'au replat d'une chicane destinée à ralentir les automobilistes pressés. One shot, un direct, tranquille, dans la boîte. La planche rudimentaire de skateboard californien étant robuste et simple comme une jeep Willis ou un robot KitchenAid pour schématiser sa philosophie, j'avais avalé la descente alors qu'une ou deux voitures avaient circulé, tout au plus. 10 h 00 du matin, journée ensoleillée, évidemment, quoi d'autre en plein mois d'août ? Finalement, je n'ai jamais utilisé la fausse photo du faux saut en skate. Mais par contre, les images prises ce jour-là couronnent ce qui peut s'apparenter à une maîtrise idéale d'un skateboard, toute modestie gardée, puisque mon usage n'en était que des plus basiques, soit modestement descendre une rue principale d'un village agraire du presque Haut Doubs. Tout l'intérêt de cet événement réside là, et c'est ce qui se retrouvera plus loin dans ce texte, à condition que vous le parcouriez davantage.

Juin 2008

Les hommes épris de liberté connaissent parfois le désert, l'errance, également. J'ai été de ceux-là. En retour d'une escapade surf sur la côte Atlantique, j'étais au volant de ma Citroën Xantia. Ce détail aura de l'importance plus tard, mais je dois vous présenter ce véhicule et l'ignorance dans laquelle je me trouvais. Une berline, bleu nuit, presque noire, pas tout à fait. Suspension hydractive, jantes stylées, lunette arrière dotée d'un store microperforé, j'avais retiré l'essuie-glace du hayon et percé le logo Citroën pour insérer le jet de lave-glace ainsi détourné. Si bien que lorsqu'un indélicat me klaxonnait au feu vert pour une raison ou une autre, je déclenchais le lave-glace arrière, et le copieux jet l'arrosait du liquide nettoyant ! Je gaugeais le pare-brise de l'automobiliste agacé qui se retrouvait mouillé proprement. Sacré pied lorsque je repense à cette connerie. Le bricolage complet du dispositif m'avait pris une heure de travail, juste le temps de démonter la garniture intérieure du coffre et percer la tôle de la carrosserie. Je me suis bien marré avec cette bagnole. Mais son moteur n'était pas moins musclé. J'avais choisi le 2 litres 16 soupapes. La voiture datait de la fin des années 1990. 1998 cm3 puissants et rugissant à souhait. La raison de son acquisition était une opportunité simple. Après avoir obtenu un job en Suisse en 2004, il me fallait une caisse pour remplacer ma Bx turbo diesel. (J'ai toujours été Citroën) Le garage l'avait à un prix radical, 2000 € ! Partant pour la Suisse, je savais que l'essence affichait des prix à la pompe plus compétitifs qu'en France, alors j'ai fondu sur les clés, moyennant un petit chèque. Ces sièges en velours doux et moelleux m'ont permis de passer des heures incroyables à son volant. Elle possédait un détail confortable et bien pensé, un variateur de lumière sur l'éclairage du tableau de bord. Avec sa ligne unique, débarrassée de l'essuie-glace arrière, elle ressemblait à une voiture de sport, car malgré sa conception de familiale, elle l'était vraiment. C'est plutôt comme une voiture de grand tourisme que je l'ai utilisée. Je revenais donc de la côte Landaise, cette nuit-là. Calme et déserte, j'étais en semaine, je ne me souviens plus quel jour. Après avoir dépassé Tulle, vers 3 h 00 du matin, je roulais tranquille à 120 ou 130 kilomètres/heure de moyenne, sur un axe désert. Quand je fus rattrapé par une Subaru Impreza, je choisis de lui emboîter le pas. Elle devait rouler à 140 km/h, guère plus vite que moi. Mais nous avons commencé à rouler en escadrille, calmement, sereinement, à une allure soutenue tout de même. L'excitation de rouler un tempo plus relevé, je suivais à bonne distance, mais au même rythme que la sportive japonaise. Et les kilomètres s'empilaient. C'est dans ces instants que l'errance vous rattrape. Après 10 ou 15 bornes, je décidais de reprendre la Subaru, pour prendre le lead du cortège. Et elle me talonnait ensuite. Pour me dépasser à nouveau et finalement, nous avons roulé en augmentant le tempo crescendo. Pour finir par barouder à presque 180 km/h ! Dans les lacets de l'autoroute transperçant le Massif central, je commençais à avoir les mains moites de concentration pour rester attentif à la moindre connerie. De toute façon, à cette heure de la nuit, l'autoroute nous appartenait. Une époque révolue, c'était avant l'installation des radars automatiques sur le bord des voiries. Nous étions un peu fada quand même. C'est là l'errance dont je parlais. Pour aller surfer, il me fallait traverser la France, trouver une solution. Et ma fidèle automobile ne me décevait jamais. Au point de tenir la dragée haute à cette Impreza WRC. Je ne sais pas qui la conduisait, de toute façon, nous nous sommes perdus de vue à l'arrivée au nord de Clermont-Ferrand. À l'époque, si j'avais tissé des liens avec les Biarrots, depuis Besançon, j'aurais pu traverser la France en auto-stop pour aller habiter sur la côte et surfer. Mais heureux propriétaire de cette maudite automobile, je conduisais tout bêtement.

Août 2004

Après un contrat à la direction départementale de l'agriculture, j'avais trouvé ma vue un peu faible, puisque les journées passées étaient exclusivement basées sur un boulot de définition cadastrale numérique à base d'orthophotographie, un système normé d'échelles variable pour travailler les détails. C'est ce qui m'amena à elle. En juillet, je poussais la porte de Grand Optical, pour faire le point sur mes yeux et ma vision, le tout après avoir consulté le docteur Couëdic, ophtalmologue. Son diagnostic était simple, hypermétropie. J'allais donc faire réaliser une paire de montures à ma vue lorsque j'eus la surprise d'être accueilli par une jeune femme délicate. Sophie portait la tunique austère, mais professionnelle de la franchise. Blonde, élancée, radieuse, elle portait sa voix sur un ton légèrement nasillard, cordiale, comme une nonchalance attentive à ma présence. Nous passâmes une bonne heure ensemble, et elle m'aida à choisir et fabriquer les lunettes Oakley qui me plaisaient le plus. C'était un moment important, le choix de la monture, la fabrication des verres, l'assemblage, Sophie complétait mon dossier au fur et à mesure des informations que je lui donnais. Ce n'est qu'un mois plus tard, en août, que je repensais à elle. J'étais sans doute en train de zoner dans Besançon rollerskate aux pieds, mes Rossignols descendeurs, lorsque je repensais à Sophie, mademoiselle Baverel. Je lui rendais donc une visite tout amicale et intéressée pour connaître sa disponibilité. Pénétrant dans la boutique, patins aux pieds, le son des roues d'uréthanes et des micro-roulements donna à mon allure un effet étrange. À cette époque, le rollerskate était tendance, les gens croyaient à l'avenir de ce mode de déplacement, et entrer dans un magasin, ne vous laissait pas sur la touche par le service d'ordre. Sophie était là, elle me sourit. Nous avons convenu d'un rendez-vous à la sortie de sa permanence à la boutique de l'opticien. Ensemble, nous passâmes un moment amoureux à la Fée verte, après avoir croisé Charles Perigot au casino de la Mouillère, le lieu de jeu, pas le supermarché. J'étais totalement subjugué par la miss. Tant et si bien que nous vécûmes une passion destructrice. Après quelques jours de relation amoureuse, notre échange s'est distendu, aussi vite que nous l'avions vu naître. Je ne sais toujours pas pourquoi nous n'avons pas su ou voulu dompter la passion qui nous consumait. Après plusieurs moments incompris, avec pourtant des instants d'un érotisme extraordinaire, je trouvai un soir en rentrant Sophie ivre au Ricard. Elle s'était saoulée. Ce soir-là, je la laissai seule dans sa chambre en veillant que tout aille bien. Somnolant sur le canapé, je me souvenais qu'elle me disait sur un ton de reproche être « barge »... Parfois, mon attitude débordait du cadre, car je me sentais pousser des ailes, prêt à toutes les audaces, comme aller faire le Lugdunum de Lyon, le Contest de descente en roller, pour lequel j'avais même commencé de me préparer. C'est cette opposition entre son besoin d'être rassurée pour construire un futur commun, avec la bohème dans laquelle je vivais inconsciemment, qui l'avait poussé à se bourrer la gueule ? Je ne sais plus, toujours est-il que nous nous sommes séparés, enfin, plutôt, elle commença à me repousser, ce que je dus admettre malgré moi. Et ce ne fut pas simple. En d'autres termes, elle m'offrit un ascenseur émotionnel de fou, avec une douceur euphorique qui se heurta à sa déception. Je n'ai finalement pas fait le Contest du Lugdunum. Et ma muse partit chez Afflelou.

Novembre 2006

J'étais parti à Lisbonne dans le but de trouver du travail là-bas. Après avoir eu un licenciement arbitraire de mon job chez Président, où je mettais en carton les plaquettes de Comté. Tout ça parce que j'avais un peu déconné sur la ligne qui était particulièrement monotone et répétitive. Un travail aliénant par excellence. J'étais payé au SMIC, touchais 1200 € les meilleurs mois. Mettre les plaquettes en carton. Pendant huit heures, de 5 h 00 à 13 h 00, une chaîne découpait les meules de Comté, un appareil les emballait et nous étions deux sur le tapis d'avancée des produits pour empaqueter les blisters dans des cartons au nombre défini. Puis ces cartons étaient scotchés, et évidemment palettisés. C'est parce que j'avais déconné avec les plaquettes que le chef d'atelier m'avait viré. Alors complètement colérique à cause de son choix tout à fait injuste, j'avais pris mes rollers, et roulé jusqu'à Lisbonne. J'avais préparé le voyage pendant la mise à pied de l'entreprise. Arrivé là-bas, après une escale par Biarritz, je touchais au but à Algès, dans un camping où j'avais planté la tente avec la ferme intention de bosser chez nos amis portugais. Les agences de travail internationales avaient été contactées, j'avais adressé des CV traduits chez Manpower et Adecco, pour finalement arriver à l'agence Emprego de Trabalho, l'équivalent du Pôle Emploi français. Lors d'un entretien en anglais avec l'un des agents, mon voisin était un immigré venu du Sénégal, qui devait fournir moult documents justificatifs, car il n'était pas ressortissant de l'Union européenne. L'agent me remit un document A4 avec une adresse pour un job de Caseiro, dans une ferme des environs de Lisbonne. J'étais chaud pour trouver du travail dans cette ville totalement inconnue, et dont je ne maîtrisais absolument pas la langue. Quoique beaucoup de Portugais parlent le français, je m'exprimais aussi en anglais. L'adresse mentionnait Prior Velho. J'étais parti en bus là-bas, depuis mon camping du faubourg d'Algès. C'était toute une aventure, j'avais l'impression de faire Pékin Express en direct, et sans équipe de télé pour m'accompagner. Descendu dans le quartier où j'avais repéré la rue sur le plan, je m'enfonçais dans une zone résidentielle qui ressemblait de plus en plus à une favela brésilienne. Les gens se renfermaient sur mon passage. Les habitations alternaient des maisons et de petits immeubles, avec des personnes plutôt âgées. J'avais beau demander ma route après 1 h 30 à chercher à pied l'adresse, je ne trouvais pas, et pourtant mon plan en papier indiquait une rue où le numéro n'était pas identifiable. C'est par lassitude qu'après avoir cherché longuement, je décidais de faire appel à un taxi pour trouver la bonne adresse. La station de taxis était à l'entrée du quartier que j'avais déjà arpenté en long et en large. Là, un chauffeur auquel je tendis mon papier A4 me fit signe de monter dans sa Mercedes beige à la civette jaune. Après un round sur le boulevard d'une poignée de minutes, le chauffeur me conduisit devant une grande allée d'oliviers, abritée par un portail massif en fonte ou acier, couronné par un mur de pierre sèche magnifique. L'adresse était la même que sur mon plan, un nom homonymique, je ne risquais pas de trouver dans mon quartier résidentiel. Là, je demandais au chauffeur de me laisser à l'entrée, il aurait été mal venu pour un demandeur d'emploi d'arriver au boulot en taxi. Remontant l'allée en pied, je tombais sur un gars en train de bricoler devant une bâtisse ancienne et hautement soignée. Je lui montrais mon papier, et il alla chercher le patron. Lorsque celui-ci arriva, il me demanda si je venais pour le travail, en précisant qu'il était pourvu depuis ce matin. J'étais dégoûté, je suis reparti surfer à Peniche.

Mars 2009

La station de Métabief a toujours été un terrain de jeu remarquable. Située à 71 km seulement de chez mes parents, je décollais systématiquement à 6 h 30 du matin pour arriver le premier devant les caisses des remontées mécaniques. Je calais mon réveil et dormais excité par la perspective de pouvoir me lâcher dans les pentes, trouver une bonne neige sans trace, oublier tout du quotidien et skier pour adopter le bon geste dans les courbes. Pleine bourre dans la face, envoyer du gros, c'était les termes usités à l'époque pour dire qu'on se « lâchait ». J'étais arrivé assez tôt et je skiais abondamment comme d'habitude, mais c'était une période de vacances et les innombrables touristes commençaient à se masser à la remontée de Piquemiette, tout en bas. Multipliant les passages au télésiège, skiant sans aucun répis autre que le télésiège, je saluais immanquablement les pisteurs et leur signifiais l'inutilité de ma tenir la balancelle, car je l'attrapais enjoué, heureux et prompt à dévaler la pente. D'ailleurs, on se marrait bien entre gros mangeurs de neige. C'est après la matinée, vers 15 h 00 qu'un nombre important de touristes se retrouvaient massés au télésiège du bas de la station. La queue, file d'attente, s'étirait longuement. En descendant vers ce naufrage, la station était victime de son succès. Ni une ni deux, je déchaussais mes Mosquitos Salomon pour les empoigner à pleine main, attachant le leach, le lien de secours, en cas de déchausse comme une dragonne. Décrochetant mes bottes de ski en haut de la cheville, j'utilisais mes snowblades comme bâtons, et remontais illico la pente en mode rando, sur le côté de la piste, tranquillement, comme un seul homme, vaillant. Et cela donna encore un peu plus de piment à l'effort, surtout qu'une surprise s'offrit à moi, comme à chaque fois que l'on sort du cadre. En shootant la couche de neige à chaque pas, tout gaillard, les Mosquitos œuvraient à merveille comme bâtons et je débutais la remontée pas après pas, suant rapidement plus qu'en descente. Je dégrafais mes vêtements, et j'eus l'agréable surprise d'assister à un ballet particulièrement drôle. Les gens, à ski, à snowboard, engagés dans la pente, glissaient tous d'une manière tantôt stylée, tantôt puérile, m'offrant un point de vue exceptionnel sur la population de la station. Seul, habitué à mon caractère marginal, c'était une délectation sans pareil de constater qu'un grand nombre des sportifs présents n'étaient pas en mesure de skier proprement. Un défilé permanent de burlesque. Bien que l'observation des autres skieurs se faisait également depuis le télésiège, cette fois je les voyais arriver de front, face à moi, à leurs côtés. Et pendant ce temps, je jouissais d'une liberté largement méritée, que seuls les skieurs de randonnées connaissent. Finalement, après un contrôle du temps mis pour effectuer la remontée, je passais 45 minutes pour accéder au Bouc Blanc, le sommet de Piquemiette. C'était toujours plus sportif que d'attendre comme un gland dans la file d'attente, et après tout j'étais là pour le sport et rien d'autre. C'est ce que je faisais. À fond, dans la montée puis dans la descente.

Novembre 2004

J'eus un véritable choc. Mon contact avec l'océan fut étonnement puissant. Je débarquais de Besançon, après ma rupture avec Sophie dont j'avais toute la peine du monde à effacer le souvenir. Si bien que j'avais choisi de venir surfer à Biarritz. J'étais descendu à l'océan depuis la rue des falaises, et après avoir marché un peu, j'avais posé une serviette sur le sable, tel un bon touriste comme j'étais seul arrivant de Besançon. Les vagues faisaient un mètre voir un peu plus. Je partis nager. C'est au contact de l'eau que je ressentis ce choc. Sans doute ce que certains appellent une hydrocution. C'était cette texture mémorielle qui renvoyait à mon état de nourisson, de bébé. Mais je suis parti nager dans les vagues. Mon intention était de prendre quelques vagues à la manière de Mike Cunnighan, le body surfeur de Hawaï. C'est ce que je fis. Nageant, je guettais les vagues autour de moi, naissantes derrière la barre que j'avais franchie sans savoir faire le canard à l'époque. J'en prenais plein la tronche. Les rasades d'écumes et de spume tumultueuse me donnaient à batailler dans une démarche veine. C'était peine perdue contre la puissance de cet océan. Je finissais par franchir le déferlement de puissance pour trouver un peu de calme derrière ces vagues déchaînées. Et scrutant méthodiquement le relief liquide, je m'élançais à la force des bras pour projeter mon corps dans le creux, tentant d'épouser le mouvement fluide avec tout mon corps. Après plusieurs placements dans ce déchaînement de houle, je finis par sentir toute la force de la vague me propulser dans son biais glissant avec les bras tendus vers l'avant, le corps cabré par l'onde mouvante. C'était une claque monumentale pour un gentil paysan comme moi, découvrir ainsi l'énergie dissimulée dans ces vagues ne me laissait aucune chance. J'en prenais plein les bras. Pour me tenir à flot, respirant l'embrun avec passion, l'épique combat me transcendait. Et j'avais tout intérêt à ne pas me laisser aller sinon, la tasse pouvait être salée, dans tous les sens du terme. Le soleil dardait et la plage était déserte par cette journée de novembre exceptionnelle. Après une trentaine de minutes, je pense avoir eu assez de ce jeu dantesque. Quelques vagues furent prises dans le bon sens, mais la vague cassant en short break, j'en prenais pour mon grade à chaque fois, n'étant pas équipé d'une planche, ni même d'une biscotte. C'était une école diaboliquement autoritaire pour me faire comprendre ce qu'est le surf. En remontant vers la plage, je ressentis un nouveau choc, qui ne m'était pas inconnu, mais aussi fort que le premier. L'effort natatoire, avoir nagé dans ce si puissant bouillon me posait un ressenti de bien être exceptionnel. L'iode, la nage, les bains de mer comme le disait Jean d'Ormesson, confère à l'équilibre et au bien-être. Alors pour comprendre cette fatigue nouvelle, je me m'allongeait sur ma serviette posée sur le sable de la plage déserte. Je songeais presque à bronzer à l'époque. J'étais vidé de tous les maux possibles et imaginables. Le bruit de l'océan rythmant mon très fort intérieur m'empêchait de goûter un vrai repos. Et c'était sans penser à la marée. Soudain, le ressac vint lécher et tremper ma serviette alors que je séchais tout tranquillement. Je sursautais maladroitement, avec une forme de honte repensant au ridicule de la scène, sûrement visible par les promeneurs qui au loin se baladaient sur les bords de mer. J'avais oublié les marées. Il faut dire que dans notre société moderne, on est capable de ce genre de choses, des conneries évidentes, mais l'ignorance vous tenaille inévitablement. Croyez-moi, parlez aux gens en montagne ou en bord de mer, cela évite parfois des drames. Et puis les plages ou les montagnes sont des endroits hostiles ou il est souvent nécessaire d'échanger sur les conditions météo, ne serait-ce un détail, la courtoisie et l'élégance.

Janvier 1985

Cela paraît être il y a une éternité. J'avais 10 ans. Mon grand-père maternel, Gilbert, maçon de son état, était un fin bricoleur et sachant par ma mère que nous avions de la peine à utiliser la luge traîneau traditionnelle de la famille, Gilbert nous avait préparé une surprise à mon frère et moi. C'était une luge construite avec des skis alpins de récupération. Et comme nous allions à l'époque avec nos mères dans le champ pentu dominant le village d'Aïssey faire de la descente avec nos luges, j'avais pris celle de Gilbert, derechef, sans demander quoi que ce soit à mon frère, avec qui je me battais souvent à l'époque. Nous montâmes vers le haut du champ pour le dévaler ensuite, comme il était traditionnel de le faire. Olivier Boucard, notre voisin et lointain cousin du même nom, descendait lui à ski cette même pente. C'était un événement de voir un skieur dans le village. Ce champ nous offrait une vue imprenable sur les maisons et toute la plaine. C'est mon père qui en assurait l'exploitation, mais avec 30 à 40 cm de neige fraiche, nous n'avions rien d'autre à faire que partir dans sa pente et la descendre entre deux batailles de boules de neige. La luge de Gilbert possédait donc deux patins dédiés par ces skis, sur lesquels mon grand-père avait fixé en clouant un banc. La luge glissait à merveille, et une ficelle me permettait de la traîner. Contrairement à l'ancienne luge traîneau de nos arrière-grands-parents, plutôt conçue pour le verglas. Mais comme la luge avait des skis, il fallait qu'elle déjauge légèrement pour prendre de la vitesse. Je ne le savais pas, mais j'eus cette intuition après quelques tests, je décidais de prendre la partie la plus longue du champ, bien au-dessus du restaurant le Chalet. Et je partis remonter la pente jusqu'à son sommet, tirant la luge par la ficelle. La longueur totale devait être de 350 mètres environ, dans une pente dont l'inclinaison n'a pas changé aujourd'hui. Je me suis posé sur la luge en position de vitesse, et puis j'ai lâché les freins. Et rapidement, la vitesse prise fut assez importante, pour finalement accélérer franchement. Pour un test, j'étais gâté. Les skis déjaugèrent et mon poids léger de l'époque me permettait de me laisser griser par la vitesse. Tant et si bien que la pente fut avalée en une poignée de seconde. Soudain, je fus pris de panique, ne sachant pas comment m'arrêter lancé à vive allure sur la piste. Et les ronces et barbelés de la clôture arrivaient en face de moi à toute berzingue. Bravant ma peur, je sautais de la luge in extremis, car je fonçais vraiment tout droit dans les barbelés de la barrière du bas de ce champ qui nous faisait office de piste de ski. Cascade sans doute aperçue à la télé dans « l'homme qui tombe à pic » la série du cascadeur américain que nous regardions avec mon frère, dont je ne sais plus ce qu'il faisait pendant ce temps-là. Et chance incroyable, la luge se stoppa net contre un poteau de chêne des barbelés, le poteau bloqué pile entre les deux skis, contre le petit banc qui me servait d'assise. Pour une expérience, je ne mesurais pas l'importance de cet acte décidé et audacieux, contre mon incapacité à freiner la luge. C'est pourtant ce que j'aurai pu faire, freiner en changeant de position sur le petit banc, mais ma présence d'esprit était subjuguée par la vitesse redoutable de la luge à Gilbert. C'est ce déclic qui changea sans doute mon futur, car il faut bien l'avouer, j'avais tout bonnement oublié de penser à m'arrêter.

Décembre 1999

La chocolaterie Klaus préparait Noël, tandis que l'assistante comptable Fanny et moi avions débutés une relation amoureuse depuis septembre. Nous faisions du roller ensemble, Fanny sur le plat, moi en descente dans Morteau. Nous sortions beaucoup, à la Casachoc de Neuchâtel par exemple, pour voir Badmarsh&Shri, et nous avions une vie sexuelle très intense. Étant âgés de 25 ans, nous nous aimions dès que nous le pouvions, même dans des endroits non dédiés à cet effet. Ainsi, lorsque nous avons gagné Champéry et Morgins pour la saison de ski, je me suis retrouvé en galère avec mes lattes. Fanny, originaire de Grand Combe Chateleu, était une brune piquante très sportive, adepte du fitness et du step au club de gym de Morteau. Et dès cette première journée de ski, j'étais en retrait par rapport à elle, galérant avec mes grands skis dans la poudreuse de décembre. Ni une ni deux, nous sommes descendus au magasin de skis dans le village. J'avais repéré des Mosquitos de Salomon, qui étaient en vente pour une poignée de Francs. C'était des patinettes améliorées, une sorte de mini ski monté sur silentbloc en caoutchouc pour donner de la souplesse dans les appuis, très utile pour le carving de l'engin, et l'équilibre du gars embarqué avec. Je me souviens avoir payé les skis environ 900 francs. Et quel achat ! Avec les rollers dont je m'étais familiarisé abondamment, il était logique que je me tourne vers ce type d'objet destiné à la glisse facile. Toutefois, ce n'est pas l'objet qui détermine l'engagement, mais bien la manière dont on se comporte. Et croyez-moi, Fanny était une bougresse dans tout ce qu'elle faisait. Je vais lui épargner un passage impudique concernant nos ébats, mais à ski, elle était et reste sans doute une tueuse. Élégante, rapide, précise. Sur la route qui nous conduisait à la station, elle me laissait le volant de sa Fiat Punto, où j'avais choisi d'écouter Fat Boy Slim, « Right here right now », et le hit « Love Island ». Alternant avec Couleur3, nous vivions pleinement l'esprit de la glisse de l'époque, à notre manière. Cet hiver-là, nous avons fait pas mal de sorties dans différentes stations, il y avait encore de la neige en abondance. Là où cela a commencé à foirer avec mon job à la Chocolaterie, c'est lorsque j'imprimais des affiches pour une soirée chez Gilles, un bar derrière la poste de Morteau. J'étais devenu un ami du fils de la patronne, madame Françoise, et Stéphane. J'avais dégoté des photos de Femme Actuelle datant des années 70, deux naïades en bikinis super kitsch et sexy, le visage tourné vers l'avenir. Ajoutant à cela le descriptif d'une soirée house, et jungle, les affiches avaient été réalisées sur le photocopieur couleur de la Chocolaterie, entre midi et deux. Et une fois annoncée, la soirée fut absolument mémorable, avec un bar archicomble, et des DJ transcendés pour l'occasion. Autant dire que je n'avais que peu d'intérêt pour mon job de cadre en management qualité. C'était pourtant passionnant de goûter la qualité des chocolats... Toutefois, ce sont ces Mosquitos de Salomon (une marque très sérieuse pour s'amuser légèrement) qui changèrent mon futur définitivement.

Mai 2009

Un souvenir mémorable... J'étais en intérim à l'époque pour Roger Martin, une entreprise de bâtiment et travaux publics, où je bossais en tant que manœuvre, ou aide maçon plus exactement. L'équipe était composée de Daniel, le chef d'équipe, Gilles, maçon de voirie et notre pelleteur, conducteur de la Liebherr, pelleteuse à pneus, dont j'ai oublié le prénom. Nous avions trouvé une bonne synergie dans l'équipe. La mission était de réaliser une rigole en pavé, entourée d'une route en bitume dans un quartier résidentiel de Pugey, charmant village en périphérie de la capitale comtoise. L'ambiance était bonne et le job suivait un bon tempo, le chantier avançait logiquement. Mon rôle était de pourvoir aux besoins des maçons. Je sécurisais les fouilles, secondais notre chauffeur de pelle mécanique en naviguant autour des godets avec une pelle normale, à manche, portais les brouettes de béton que le camion-toupie nous apportait, apportait les pavés aux maçons, nettoyait les outils, etc. Tout ce qui contribuait au bon fonctionnement de l'équipe. Pour ce qui est de régler les niveaux, poser les pavés, ce sont les maçons, Gilles et Daniel, qui s'en occupaient, ainsi que la lecture des plans. Nous étions en plein air, et le soleil de mai offrait des journées magnifiques. En fin de semaine, le vendredi, le rendez-vous square St Amour des pratiquants de rollerskate était à 19 h 00 pour la balade hebdomadaire. À la fin du mois, je devais passer à l'agence d'intérim pour signer la feuille d'heure et valider cette dernière. Le bureau de Sup intérim était situé à l'écart du centre-ville de Besançon, sur le quartier de la butte et Xavier Marmier. Je passais donc voir Maryline, ma responsable des ressources humaines pour cette formalité administrative régulière. Tout allait bien jusqu'à ce que je trouve l'embouteillage du vendredi sur les avenues bisontines. Une galère insupportable. À croire que tout le monde s'était donné rendez-vous pour rouler en même temps. Rejoindre Maryline fut déjà assez pénible, alors en sortant de son bureau, après avoir répondu à sa convocation, je décidais de laisser garer sur place ma Xantia. Dans le coffre, mes rollers FSK, les free-skates de Salomon. Le modèle downhill avec la lame de 320 mm montée en quatre roues. Prêt à rejoindre le square et le centre-ville avec un peu d'avance, il était 17 h 30, je chaussais mes patins promptement. Scratchant mes protège-poignets, je me préparais à passer dans la circulation. Légèrement sous pression, je partis le long de la file de voitures, sur la piste cyclable. Mais rapidement, les voitures bloquées dans la circulation devinrent des dangers potentiels. J'étais hyper attentif à tout autour de moi. Les coups d'œil dans le rétroviseur, l'attitude des automobilistes, les clignotants en changement de files, je me plongeais dans la jungle urbaine la plus hostile. Et très vite, mon patin faisait son travail, me propulsant à 20 voire 30 kilomètres/heure entre les caisses tantôt immobiles tantôt mouvantes. Après avoir rejoint la place Leclerc, j'avais la descente des glacis de Vauban, où le sens unique de circulation et la pente régulière étaient l'idéal pour slalomer au milieu des caisses embouteillées. Le pied. Non seulement je n'étais plus bloqué dans le bouchon, mais je jouais avec comme un gosse. Un terrain de jeu plutôt extrême, en repensant à cette performance aujourd'hui. Je redoutais quand même une chose, la pollution des gaz d'échappement. Certain de respirer un max de ces saloperies, je me disais que de toute façon, mourir de ça ou du tabac, ce n'était qu'une mort lente, inévitablement. Dans cette action, j'avais dépassé plusieurs centaines de voitures, toutes coincées dans la jungle urbaine d'inévitable cohue de week-ends. Il faut dire que mon style sécuritaire n'était pas très impressionnant, mais j'avais dépassé un bon nombre d'automobilistes pantois, et c'est ce qui me faisait imaginer leur tête médusée en me voyant surgir puis dépasser leur impatience méthodiquement bloquée. Terminant en beauté par la descente de l'avenue Foch, j'avais rejoint le centre-ville dans un rush de 3 minutes maximum, alors que les véhicules en file indienne mettraient vingt bonnes minutes. Je vivais le roller en liberté comme jamais.

Février 1993

Serge était un collègue de travail de ma mère. Il n'a jamais eu d'enfants. Avant lui, nous étions allés quelques fois pratiquer le ski de fond, à Nods aux portes du Haut Doubs, ou bien au Fourgs avec Jacques, son autre collègue. Mais Serge pratiquait également le ski alpin, et il nous avait promis à mon frère et moi de nous conduire sur les pistes de Métabief. Les expériences en ski de fond étaient intéressantes, mais ne donnaient pas vraiment d'émotion exceptionnelle, en bref on poussait sur les bâtons tout en donnant du style classique, poussant sur les skis alternativement. On s'ennuyait presque. Mais Serge, qui prenait soin de mon frère et moi, avait annoncé vouloir nous conduire à la station pour tester le ski de descente. Et un beau jour de février 1993, il nous embarqua à bord de sa BMW pour nous louer des skis alpins. Il ne nous donna qu'une consigne ; rester sur la piste de la Berche, et nous invita à regarder comment faisait les autres pour descendre. C'était un peu court comme coaching, mais mon frère et moi partîmes ainsi sur la piste. La

Berche était une pente sympathique, ni trop pentue, ni trop plate. Je me souviens avoir considérablement galéré pour parvenir à maîtriser les lattes. Je crois qu'il nous avait tout juste montré comment faire le chasse-neige. Et Christophe et moi tentions péniblement de trouver notre glisse. Sans aucun conseil, il était assez dur de conduire les skis. Mais je regardais attentivement les skieurs chevronnés autour de moi pour tenter un certain mimétisme de style et essayer modestement de parvenir à gérer mes maudites lattes. Il faut dire qu'avec les skis de l'époque, le planté de bâton était de rigueur pour atteindre le virage, en délestant le pied intérieur et provoquant ainsi la courbe, tout en glissant. Nous étions pile dans le cliché des « Bronzés font du ski ». À l'époque, le film n'était pas trop ringard, encore d'actualité. Et mon frère et moi chutions abondamment. Toutefois, le grand air de la montagne, le froid stimulant et le challenge nous grisait. Finalement, le chasse-neige laissait la place à quelques virages bien pataudς. Mais l'essentiel était acquis, nous avions débuté le ski alpin et la joie de descendre la Berche, cette fameuse piste à plusieurs reprises nous donnait des ailes. Nous étions privilégiés à l'époque d'avoir eu cette chance de partir apprendre le ski. Mais c'est de cette manière, plutôt maladroite et totalement autodidacte, que j'appris à skier. À force de courage et de persévérance, de compréhension de mon propre mouvement et d'analyse du style des skieurs alentour. À la fin de la journée, Serge nous avait retrouvés sur la piste, là où il nous avait laissés. Aujourd'hui, je le remercie encore de nous avoir fait découvrir cette glisse totalement folle, il faut le dire, jouer au yoyo avec l'aide d'un télésiège n'est pas du tout du goût de mon père.

Octobre 1999

J'avais quitté Dijon pour rejoindre Morteau. Je changeais de job pour passer d'une entreprise d'agroalimentaire à une autre, des arômes industriels d'IFF aux Chocolats Klaus. Dans mes bagages se trouvaient mes Rollerblades, avec la platine amovible. En étant arrivé sur Morteau, je prenais un appartement sur les hauteurs de la ville, la route des Arces, au-dessus de l'Église. La chocolaterie était en contrebas, dans le quartier nommé « bas de ville ». L'appartement donnait plein sud, avec une vue magnifique sur Montlebon, le Gardot et le Meix Mesy, et il possédait un garage. Garage assez difficile d'accès pour ma grosse berline Citroën, une Bx à l'époque. J'étais donc confronté à un problème simple. Comment rejoindre le travail chaque matin ? Prendre la voiture pour faire 2 kilomètres n'était pas satisfaisant. Utiliser mon diesel pour une si petite distance, non, je n'avais pas envie de cela. Alors je descendis à pied. Il me fallait presque 15 minutes de marche pour arriver à l'entreprise. Au début, je découvrais Morteau, mais après plusieurs trajets, je trouvais vite cela barbant. Si bien qu'une idée me trotta dans la tête. Faire le trajet en roller bien sûr ! Et quand une idée me chauffe... Il ne fallut pas longtemps pour que j'essaye. Attention, je n'allais pas me lancer dans cette pente franche à la légère. J'avais le tampon de frein sur le patin droit, et puis je veillais bien à porter mes protège-poignets. Mon sac en bandoulière, contenant mon déjeuner, je ne tardais pas à engager la descente, un beau matin vers 7 h 00. Dijon et ses rues plates m'avaient grisé. Ce fut un succès ! La première descente que j'ai opté était assez rapide, sans doute ai-je été un peu surpris de l'aspiration gravitationnelle. Mais mon frein fonctionnait normalement, bêtement bien. J'arrivais au vestiaire, déchaussais les patins, surprenais mes collègues. C'était le panard, comme chantait Sébastien Patoche des années plus tard. Et tout cela dans un temps record. À peine 5 minutes. Glissant dans la circulation plutôt éparse de cette capitale du Haut Doubs, je roulais entre le trottoir, la piste cyclable n'existait pas encore à Morteau, d'ailleurs, je ne sais pas si elle existe aujourd'hui, et la rue. C'était un baroud assez stimulant le matin au saut du lit. Et unique en son genre à l'époque. Lorsque j'avais choisi l'appartement, je n'avais pensé qu'au soleil sur les fenêtres et la terrasse de mon propriétaire, Camille. Mais la descente, ça, c'était quelque chose de génial. Et ainsi de suite les jours qui suivirent. Excepté les jours de pluie, je me tapais chaque jour ce parcours d'enfer, avec une rue à 12 % d'inclinaison. Je ne suis jamais tombé. Même un matin ou la routine, elle est mortelle, m'avait fait oublier le givre et le verglas, je parvenais toujours à bon port sans encombre. Et mon sourire ineffaçable de franc benêt limite fier de lui ne s'effaçait qu'au contact des responsabilités de mon poste de technicien qualité. Management, HACCP, normes européennes, date limite de péremption, juste l'attention à mes tâches quotidiennes me faisait oublier le kif insondable du mode de déplacement révolutionnaire pour l'époque. Naturellement, j'avais acheté ce qui se faisait de mieux en roller. Mais naturellement, mon directeur ne l'entendait pas de cette oreille. Et après une lettre d'avertissement liée à mon comportement, mes trois CDD ne furent pas transformés en CDI. Il faut dire que l'entreprise connaissait un redressement comptable, inventaire et licenciement étaient à l'ordre du jour. Alors ça a été malheureux, mais je me retrouvais au chômage moi et mon roller de descente.

Août 2009

J'avais déjà tenté de faire parvenir plusieurs manuscrits aux maisons d'éditions parisiennes, persuadé que la contre-culture du surf du ski et du skate deviendrait un courant de pensée majeur, un chemin philosophique, une révolution pour nos sociétés véhiculant le changement, puisque nos skateboards et nos rollers étaient des outils provoquant en nous de constantes remises en question. Mon cousin Thibaud possédait une planche de longboard Sector 9... Je lui avais prêté mon manuscrit « Global free-ride » si ma mémoire est bonne, car j'en ai tellement écrit pour faire valoir cet art de vivre, que c'est devenu mon art de vivre. Il aurait toute les largesses pour pouvoir le parcourir, et lui en retour me laissait au bon usage de sa planche. La Sector était superbe, avec un dessin portraitisant une femme aux cheveux pris dans une vague, à condition que je me souvienne bien de ce détail. Je n'ai que très peu de souvenirs des caractéristiques de la planche. Le nombre de plis du bois de son plateau, je ne sais plus. Mais son flex, sa souplesse était idéale pour cruiser, rouler en descente tout en allant jusqu'au glissement des roues. Roues dont je ne me souviens plus ni du diamètre, ni de la dureté, toutefois, leur adhérence allait sans rupture vers la glisse, progressivement. Je vais vous épargner le refrain des châssis, troisième pièce maîtresse de l'engin à roulettes. Le plateau en bois, surmonté de son grip, les quatre roues en uréthane, et le châssis reliant les deux, le skate californien était une petite bombe de downhill affûté. Comme j'habitais encore à la ferme chez mes parents, la fréquentation du spot de la côte de Passavant était régulière. Si bien que ni les voisins ni les automobilistes éparses ne constatèrent un changement de planche entre ma freeboard et la longboard à Thibaud. Je remontais la pente à pied comme à l'accoutumée, et puis comme la fin de journée était là, la plaine s'ouvrait face à la descente, sur tout le côté Ouest proposé au soleil couchant. La partie Est touchait la forêt et une colline, après les prairies pentues appartenant à mon père. J'avais toujours honte de partir faire du skate, mais après tout il refusait de me laisser travailler avec lui sur sa ferme. Alors, dès la sortie du village, planche sous le bras, j'oubliais la tristesse qui était la mienne et je repensais à la mer, aux vagues et aux sessions de surf passées. Cette planche était une merveille. Comme la route s'ouvrait sur suffisamment de largeur, il m'était possible de réaliser ce large slalom pour ancrer ma courbe dans le rayon de torsion. Je m'explique, comme je dessinais des arabesques en virage à gauche et à droite, le plateau garantissait mes virages en imprimant une rondeur, liée à la force cinématique de ma carrure. Je plongeai ainsi, au-dessus du goudron, appuyé de tout mon poids les mains parées à attraper quelque chose, ou anticiper la chute si vous préférez. J'atteignais le point de glissement des roues, qui, profitant du déplacement de masse, s'allégeaient et glissaient naturellement, comme un surf sur l'eau lorsque vous coupez la lèvre trop court. Bref, vous l'aurez compris, le mouvement était stupéfiant. Fluide, naturel, ample et véloce. Un grand bonheur de pouvoir se déplacer en maîtrisant sa vitesse par des lacets langoureux et sinueux. Du reste, il n'y a que le slide de freinage final que je n'ai pas eu le temps d'appréhender. Sans gants de slide, sans gants de glisse, je posais un pied à terre et ma semelle ralentissait l'embarquée. Certes, je n'ai pas exprimé totalement ce qu'était le longboard, mais cette cinétique si extraordinaire pour le corps reste encore ancrée dans ma mémoire.

Décembre 2012

Nous étions assis sur le canapé, Nathalie et moi. Nous vivions une histoire d'amour assez limpide. J'étais son amant, elle travaillait comme secrétaire au laboratoire d'analyses médicales de l'hôpital Jean Minjoz de Besançon. Nous avions parfois des échanges sur les modes opératoires analytiques, des chromatographes en phase liquide, sanguine exactement, ces appareils qui comptabilisent tout ce que vous avez dans le sang. À l'époque je trimais comme plongeur et commis de cuisine au 1802, le restaurant haut de gamme de la ville, sur le square Granvelle, sous les platanes qui furent plantés du vivant de Victor Hugo. Victor dont le portrait pointilliste et monochrome figurait dans la coursive située derrière le bar que les serveurs empruntent pour apporter les plats à la plonge. Je me souviens avoir eu une forme exceptionnelle à l'époque, que j'attribue à l'eau ionisée et filtrée du restaurant. Une eau minérale surnaturelle dont je buvais des quantités importantes. Je me suis toujours beaucoup hydraté, 1,5 litre par jour, minimum. Secret d'athlète. À la fin du service nous avions rarement l'occasion de boire une bière au bar, Angélique et Dominique, les Ténardiers de l'auberge étaient assez stricts, et Matthieu « Valjean » Pretet mon chef en cuisine ne laissait pas de place au bafouillage. Je n'avais rien de Cosette. Autant dire que la brigade turbinait à 120 130 couverts les grands jours. C'est l'année ou la plonge fut reconstruite. Avec un passe-plat ouvert sur le trajet des serveurs et une porte arrière pour ranger en cuisine les couverts et vaisselle, ustensiles propres. Je me souviens siffloter régulièrement le générique de Fort Boyard avec Lucas, le chef de partie des desserts ou des entrées, je ne me souviens plus très bien. C'était des services épiques, et j'étais payé une misère, 850 boules par mois. Avec Nathalie, nous faisions l'amour souvent deux fois de suite. Je montais chez elle à vélo, avec mon Tern sous marque de Trek, je crois. Allée des Bruyères. Son appartement était spacieux et cosy, avec un balcon qui donnait sur la ville, panorama de la citadelle imprenable de Vauban. Nous fumions ce jour-là, et Nathalie me questionnait sur mes écrits, en lien avec le skate, ma planche de freebord, ma planche de descente. Je ramassais les cendres de ma cigarette qui étaient tombées sur la table basse vitrée du salon. Elle me dit : T'es un maniaque, maniacodépressif. Ma réponse était évidente, oui. Je lui dis qu'elle avait raison. En prenant même le contre-pied de sa remarque je rajoutais être même un exalté. C'était pour moi la condition sine qua non de ma pratique du surf urbain, être exalté par son propre mouvement pour pouvoir garder la logique du déplacement, cohérent et limpide, rythmé et engagé, pour ne pas choir, pour ne pas tomber lamentablement sur le goudron. Je lui dis alors oui, j'ai besoin d'être exalté, c'est une question de sécurité dans mon avancée sur le skate ou les rollers. C'est ma condition du skate. Nathalie fumait toujours beaucoup trop. Je lui reprochais souvent ce défaut, dont elle n'avait aucune rigueur. Son péché mignon. Depuis son balcon, je scrutais avec retenue la pente de la citadelle où mon skateboard s'engageait fréquemment, pour ce grand bonheur. J'ai toujours gardé une grande appréhension de ma pratique, comme si l'épée de Damoclès que je maintenais moi-même au-dessus de ma tête pouvait tomber à n'importe quel moment. La chute. Fatalement douloureuse sur le bitume. Nathalie ne me galvanisait jamais, tout comme elle ne me dénigrait pas davantage. Faisant preuve de tact à mon égard, il y avait dans la chambre de son fils, Alix, une skimboard avec un requin souriant dessiné. Elle comprenait parfaitement mon équilibre et le respectait tant bien que mal.

Août 1991

Nous vivions encore dans la maison de mon arrière-grand-mère, Cécile Gullaud. Mon père, Daniel, ma mère Pierrette, mon petit frère Christophe et moi. Au centre du village. Mes parents ont toujours eu une vie sociale remplie de rencontres et de tablées savoureuses. Nous avions dîné avec Jean Claude Alibert et son escorte girl de l'époque, peut être Rachelle ou Virginie, ou une autre. Il nous avait rejoints avec sa 1100 FZR Yamaha. Jean Claude était trois fois champion de France des rallyes régionaux. C'était un compétiteur qui roulait sur Renault 5 Turbo 2 maxi. Je ne sais plus par quel miracle il eut fait connaissance avec mon père. Sans doute parce que mon Padre était un collectionneur de voitures anciennes, roulant fièrement avec sa 404 coupé injection blanc nacré. Et donc nous avions dîné tous ensemble, les six à table autour d'un repas franc-comtois classique dont ma mère avait le secret, arrosé d'un vin que seuls mon père et la compagne de Jean Claude buvaient. Ma mère ne boit jamais de vin, et Jean Claude était d'origine marocaine, nommé Alibert. Dans mon souvenir, il ne buvait jamais, à cette époque. Sa verve, sa joie de vivre était extraordinaire, il ne mâchait jamais ses mots. En plus, il avait toujours des considérations pour nous, mon frangin et moi. C'était vraiment une personnalité de Besançon et de la région, dans le monde des rallyes automobiles. Il était vraiment devenu un ami de la famille, car il venait souvent chez nous à Aïssey, lors de ses balades à moto ou en voiture. Il possédait la baraka. Et il entretenait ça. Propriétaire d'un garage, son job de directeur-gérant était couronné par son engagement dans le sport auto. Et il gagnait souvent ! Il faut dire que sa bagnole était performante, très performante. Mais avant tout, il n'avait pas peur. Son génie, nous faire marrer en permanence... Faire preuve d'humour : « plus près de toi mon dieu... » avec une voix vacillante en chantant, lorsqu'il nous racontait les spéciales chronométrées. Chaque fois que nous passions du temps avec lui, il avait systématiquement le mot pour rire. C'était un trublion, légèrement obèse, une masse. Il en imposait. Mon père était régulièrement stimulé par ces venues, car bloqué par la traite des montbéliardes, pour le lait à Comté, dans sa condition d'agriculteur, ils se divertissaient tous les deux. Il y a toujours eu un sacré coup de fourchette dans la famille, et c'est à ma mère que nous le devons, une cuisinière hors pair. Jean Claude était un trompe-la-mort. Il vivait à fond. Mon père aussi vivait à fond à ses côtés, mais dans la routine d'un agriculteur. Et ce soir d'été, Jean Claude, me proposa de faire un tour de FZR en passager de sa moto. C'est bien simple, il roula à fond. Gaz ! Il disait : Vincent va dire à ces copains de collège qu'il a roulé en FZR à 240 km/h, alors autant que cela soit vrai ! Nous avions pris la ligne droite de Passavant, vers 21 h 30 à la nuit tombante. Et j'ai pris cher. En passager sur son Yamaha, il engagea tout ce que sa moto avait dans le ventre. C'était une belle claque de sa part. Il vivait un peu en dilettante, mais aux taquets. Plus tard, les années ont passé, et nous n'avons jamais perdu le contact ma famille et Jean Claude. Jusqu'à ce que ce soit l'accident. En sortie de Covid, en juillet 2020, Jean Claude et son MT10, fidèle à Yamaha, eurent raison de la vie. Il s'est tué à moto. Jean Claude avait un œil tendre sur ma pratique du roller en compétition. Mais il était intransigeant sur les reconnaissances de tracés, apprenait par cœur les routes de rallye, et aujourd'hui il manque à beaucoup de monde. Intimement, je n'ai jamais cru à son accident. Je suppose plutôt un suicide à cause du Covid et de sa peur psychosomatique. Il restera pour moi un mentor, à l'égale de mon Padré.

Janvier 2002

L'hiver battait son plein dans le Jura ou je résidais, au chômage après avoir perdu mon job. Basé à Morbier, il était difficile de retrouver quelque chose comme activité, et cela tombait très bien parce que j'avais une furieuse envie de skier à l'époque. Non seulement j'écumais le domaine des Rousses et de la Dôle de fond en comble, mais sous l'impulsion influente de Sébastien Bouveret, et de Couleur3 la radio Suisse romande, je décidais bon un matin de partir pour Verbier, pour la première fois. Mes skis à l'époque étaient des Rossignols de carving, modèle Prédator, un peu typés poudreuse si j'avais les guibolles. Des bonnes lattes, décorées avec le Prédator. J'avais mis le cap sur la station mythique dès potron-minet. Verbier apparaissait comme une sorte de légende, dont je ne connaissais presque rien, mis à part la compétition de ski free-ride, l'extrême du même nom. C'était plus fort que moi, la station des Rousses était trop petite pour moi. J'avais ce besoin d'aller me frotter à plus haut, plus grand, plus réputé. Et comme d'habitude dans cette grande liberté qui a été la mienne, j'ai commencé par remercier ma Citroën, car oui, j'avais déjà une Bx à l'époque. Bonne routière et spacieuse pour emmener les amis. L'autoradio rivé sur Couleur3, comme à l'accoutumée, je tournais le volant en direction de ce lieu dont la renommée attirait toute mon attention. Je savais vaguement que mon ami Arnaud Kreuter travaillait là-bas, et c'est bien le seul repère que je possédais. Autoroute uisse avalée, la route de montagne me donna les vertiges pour monter à la station. À l'époque, on pouvait encore stationner gratuitement à côté du Médran, la gare des télécabines du village de Verbier. La population ultra investie dans la glisse était tout bonnement une bénédiction pour mon état d'esprit. J'avais l'impression d'appartenir à cette caste unique des rideurs, acronyme franglais pas très académique, mais tellement usité dans mon quotidien. À Médran, j'avais le choix. Forfait en poche, payé en francs suisses, je pouvais partir un peu n'importe où dans les 4 vallées. Tête baissée, je fonçais de télécabine en télécabine pour arriver aux Attelas, avec ensuite le choix pour le mont Gelé ou la Chaux. Mais c'est finalement en cherchant les chiottes du restaurant d'altitude l'Olympique que je tombais nez à nez avec Arnaud Kreuter ! Effusion de joie, surprise et émotion de retrouvailles improbables et impromptues dans la vaste station Suisse Valaisanne. J'avais soudain une curieuse impression comme si quelque chose m'avait conduit jusqu'à lui. Il travaillait la journée au restaurant l'Olympique, et ensuite il me fixa rendez-vous pour la descente de fin de journée. Si bien qu'après avoir skié seul ce jour ensoleillé où la neige était parfaite, je me joignais à une équipe de 7 ou 8 skieurs et snowboardeurs lors de la fermeture des pistes, le soir. Une grande inquiétude me gagnait lorsque je distinguais l'obscurité s'accentuer du fond de vallée vers lequel nous allions. Quand la meute s'élança, j'avais rejoint des locaux qui connaissaient les pistes comme leur poche. Chaque bosse, chaque relief était prétexte à une figure de style ou chacun exprimait son tempérament d'une manière différente. Il faut dire que ça envoyait du gros et j'ai dû surmonter ma peur d'un sentiment appréhendé par l'obscurité dans laquelle nous plongions. Heureusement, toute l'équipe brillait par sa virtuosité et je ne rougissais pas sur mes skis Rossignols, me tenant à la hauteur de cette bande de voyous des sports d'hiver.

Novembre 2006

Comme je n'avais pas trouvé de job à Lisbonne, ma destination avait été prise pour Peniche. En quelques heures de route, j'avais rejoint ce vendredi matin la côte nord-ouest de l'atlantique Portugais. Il y avait des grèves annoncées dans la capitale, j'avais voulu les éviter. Arrivé pour midi, découvrant la vieille ville, je ne tardais pas à longer la côte à la recherche des spots locaux. Stoppant dans quelques surf shop, j'avais dégoté l'adresse des lodges avoisinant la plage. Et celui que je dégotais se trouvait distant à 200 m de la plage de Lagide. Supertubos... une plage longue de près d'un kilomètre. Durant le séjour, j'eus plusieurs coups de chaud dans les vagues. Armé d'une 5,8 pieds, je tentais d'atteindre le pic avec un vent puissant, qui fouettait les crêtes d'eau pour soulever une écume épaisse. C'était déjà assez épique, lorsque j'eus le choc de voir débouler un véliplanchiste pleine bourre pour virer de bord juste au-dessus de moi. Complètement impuissant face à la vélocité de l'engin, il m'avait scotché. Doté de sa grande voile, le gars m'avait tout bonnement évité alors que sa puissance très impressionnante surgissait de nulle part pour disparaître aussi vite qu'elle était venue, ne laissant qu'une trace éphémère dans le glacis de l'eau opaline. Oui, il m'avait scotché sur place. Ce n'était pas plus compliqué. C'était assez gros ce jour-là, mais le véliplanchiste m'avait mis un coup. Clairement, je devais plus tard choisir de laisser le spot à ce dingo même si le swell qui rentrait ce jour-là était consistant. Alors je suis rentré au lodge pour trouver un peu de repos. Il faut dire que cette frayeur n'est pas la seule que j'ai eue sur Peniche. C'était même la Saint Brice, jour où l'on ne manque jamais sa glisse, disait l'adage. En d'autres termes, je ne regrettais pas d'avoir zappé ma recherche d'emploi. De toute façon, la vie portugaise n'était pas très chère par rapport à la France. Un autre jour, la veille ou le lendemain, je ne sais plus très bien, j'avais eu droit à une chute dans la vague avec son rouleau et une mousse qui me conduisit tout droit dans les rochers. Il y avait du monde au pic, et alors que je manœuvrais pour me positionner de la meilleure manière à prendre la vague, je me suis fait surprendre par une déferlante plus massive que les autres. En un instant, j'ai vu sur moi arriver un mur de flotte de plus de trois mètres. N'ayant pas eu le temps de préparer mon canard, ou m'orienter vers elle, la vague m'embarqua en même temps que les gars l'engageaient, dont un notamment. C'était même le loueur de planches du lodge où je vivais. Il exécuta une manœuvre en coupant la vague immédiatement pour m'éviter une fois de plus. Tant et si bien que je me suis retrouvé dans les rochers 25 mètres plus bas, dans le ressac, le pied droit lacéré par l'impact. Retour au surf lodge. Clairement, ça n'était pas facile de surfer Peniche, même si j'eus quelques belles droites avec le Hollandais qui partageait mon lodge, c'était assez chaud de pouvoir prendre de belles vagues, la saison victime de son succès, le pic était assez chargé par les locaux, mais aussi de surfeurs internationaux qui venaient des autres maisons de surf dispersées autour des dunes de sable fin de la plage de Peniche, Lagide et Baleal.

Août 2004

Ma grand-mère m'avait appelé au téléphone en m'expliquant une chose assez confuse, il y avait un gars qui faisait comme moi sur Côtebrune, elle m'invitait à aller voir... Ni une ni deux, je sautais dans ma Rolls Royce pour enquêter sur l'affaire du gars qui faisait comme moi. Arrivé sur place, dès la côte des Vernois franchie, je distinguais immédiatement sur la droite un étendard coloré dressé fièrement sur la colline à tout vent... Il s'agissait d'un Kite, un cerf-volant de traction. Le rejoignant, j'eus tout d'abord un contact assez froid avec le mec. Il avait une planche de skate tout terrain, et il tirait des bords avec son kite surf offert aux vents du Doubs. Sans vouloir m'immiscer dans sa session, je prenais le temps de le laisser galérer avec son embarquée, parce que cela ressemblait surtout à une galère. Mais Fabien, c'était son prénom, avait fière allure avec son harnachement de gladiateur. Il était d'ailleurs plutôt affûté, le type athlète trentenaire. Lorsqu'il stoppa son engin, le kite retombé au sol, nous commençâmes une discussion, histoire de faire connaissance. J'expliquais à Fabien mon penchant pour le roller, qui en 2004 se détachait un peu de mon quotidien à vrai dire. Et comme je possédais une paire de Coyote, ces rollers off road pesant 5 kilos à chaque pied, nous avons sympathisé progressivement. Lui bossait comme chef de cuisine, ou chef de partie dans un restaurant d'autoroute, à l'Ibis de Marchaux. Il était déjà loin de chez lui, et sa session ne valait pas un snowboard kite au col du Lautaret d'après ses dires. Téléphones échangés, nous restions en contact alors que Facebook naissait un peu partout autour de nous. Ce n'est que plus tard qu'une session fut organisée entre nous. Fabien, comme par miracle, possédait plusieurs voiles. Il avait différentes surfaces pour s'adapter aux nœuds de vent disponible. Gros vent, petite voilure, faible vent, inversement grande voile. Nous avions choisi un spot près de Mamirolle, dans la pleine, sur un champ de foin terminé. Encore un coup de bol que le paysan ne vint pas nous jeter hors de chez lui. J'avais chaussé les rollers tout terrain, et Fabien, lui montait sur sa planche. M'équipant du harnais, il m'avait expliqué brièvement l'usage de la barre, pour diriger le kite. Le vent portait la voile au zénith, et pour mon marin il suffisait de laisser la direction dans le vide afin que l'engin éolien se stabilise au-dessus de moi. Toutefois lorsqu'il fallut commencer à tirer un bord, pour tenter de remonter le vent, cela devint beaucoup plus compliqué. D'ailleurs, mon acolyte ne me décrivait pas vraiment le fait que descendre le vent serait amplement suffisant pour un débutant comme moi. Alors je m'engageais vers la droite. Et assez surpris par la puissance de ce cerf-volant de traction, je partais de biais, vers un futur inconnu qui fut stoppé assez net lorsque la voile fini, descendant le vent le temps de le dire, sa course dans un massif arboré en bordure du champ. J'avais foutu la kite surf dans un arbre de 6 mètres de haut. Fabien était dégoûté, et moi j'avais les boules d'une maladresse aussi évidente. Il n'y avait qu'un arbre aux alentours, il fallut que le vent m'attire tout droit vers lui. Nous étions donc confrontés à ce problème, récupérer la voile perchée dans l'arbre. Fabien, gardant son calme, mais pas sans se fâcher, rangea son équipement tout comme je lui proposais d'aller chercher une échelle. Et c'est finalement encore chez ma grand-mère que je récupérais celle de la bergerie, la stockant dans ma berline le coffre ouvert, j'avais rappliqué ventre à terre près de Fabien pour qu'il puisse décoller sa voile de l'arbre dans laquelle je l'avais foutu. Je n'ai jamais refait de kite surf depuis. Trop compliqué ; un sens de direction avec le vent, un autre avec vos pieds...

Février 2020

Je bossais comme réceptionniste dans un hôtel Ibis budget de la ville de Besançon. Les matinées commençaient tôt, comme tous les réceptionnistes le savent. Préparer la cuisson des croissants et pains au chocolat, mettre en place le buffet et ensuite valider les départs des clients pour terminer par le ménage. Un job alimentaire, rien d'autre, comme des millions de Français. J'avais rencontré Didier Rollot à Hop Hop Hop, le squat d'artistes provisoire de l'ancienne fac de médecine de la ville. Il bossait avec l'APAR, sur des prises de vues, en tant que cadreur. Un nom prédestiné. Je lui parle alors de mon projet de clip en roller, et il valide l'idée à condition que je lui fournisse de quoi filmer. Vu que je m'étais engagé dans la rue conduisant à la célèbre citadelle de Besançon depuis 2001, date de mes premiers Contest, autant dire que je connaissais bien cette route pentue assez relevée, pardonnez-moi cette note d'humour en relief. D'ailleurs, son patrimoine architectural en fait toujours l'une des plus belles rues de la ville de Besançon à pratiquer en roller de descente. Le rendez-vous était donc fixé à 14 h 00 ce dimanche de février. Pour cela j'avais anticipé depuis le vendredi précédant la session, avec tout d'abord un régime nutritionnel spécifique, léger, protéiné, riche en fibres, tout pour aller bien, limite en mode régime perte de poids. Évidemment le but étant d'être le plus en forme possible pour cet événement. Je ne voulais pas décevoir la caméra, et puis tout le monde pense qu'il suffit de s'envoyer la pente, alors que les coulisses, la préparation sont fondamentales. Un esprit sain dans un corps sain, d'accord, mais ensuite il y avait mon état de forme, puis mon mental. Et donc je tentais de me préserver dans mon job, ce qui paraît paradoxal lorsque vous bossez comme ouvrier. Alors je prenais un soin exhaustif à rationaliser au maximum mes efforts. Je comptais chaque pas, chaque geste, chaque effort. Limitant au maximum les allées et venues inutiles, les gesticulations inutiles. Si aucun problème particulier ne venait perturber ma routine, j'allais avoir préservé suffisamment d'influx pour être performant sur mes patins. C'était un challenge risqué, car un client mécontent, une poubelle éventrée, n'importe quelle connerie pouvait chambouler mes procédures de travail. À 45 ans, je devais penser à tout. Et mes sessions de stretching préparatoires restituaient à merveille la souplesse dont j'avais besoin pour ce jour-là. Vendredi, samedi, dimanche. Le jour J arriva. Tout s'était bien déroulé, sans encombre notable. Je finissais ma préparation en relisant mes notes analytiques de technique à roller, histoire de remettre en tête le bon geste à adopter, et je buvais non pas une, mais deux Red Bull, afin de trouver un peu d'adrénaline dans ce shooting vidéo. Rejoignant Didier, qui était en retard, je remontais la pente à pied, et nous segmentions la descente pour filmer tronçon par tronçon. Et je me lâchais sur les rollers. Étais-je au sommet de mon art ? En tout cas, lorsque je revois les images, je note une bonne maîtrise, un geste sûr, et surtout l'engagement dans une descente où je n'ai jamais vu personne d'autre de la ville pratiquer le roller, que ce soit en vidéo ou en live. Et pourtant, dieu sait que j'ai passé du temps là-bas. Ce jour-là, je libérais trois jours de préparation intense, libérais toute une émotion dans ce passage rue des fusillés. Je retrouvais cette liberté rare d'aller là où l'on a envie d'aller, à sa manière. Et lorsque le passage se fait en inline, c'est tout bonnement une glisse libre. Du pur « free-ride », comme le disent mes amis anglophones.

Juin 2005

Mon job chez Président allait bien, dans une routine assez monotone de suivi d'affinage des meules de Comté. J'étais agent de cave, bossais enfermé dans l'humidité et une relative fraîcheur toute la semaine. Il s'agissait de déplacer les meules arrivantes, sortir les meules affinées, changer les planches d'entreposage des Comtés, et nettoyer, programmer déplacer les robots de soins aux fromages. Le tempo de travail était de matin ou d'après-midi, 05 h 00-13 h 00, 13 h 00-21 h 00. Et le dimanche, en repos, je taxais le VTT de ma mère pour aller bourlinguer aux alentours du village. Il y avait un vide-grenier à Champlive, à 10 bornes d'Aïssey, ou je passais rapidement, sans même m'arrêter à aucune buvette. Ensuite, je remontais par Gonsans pour rejoindre la Grâce Dieu, et son monastère, avant de remonter sur la Grange du Mont. Par monts et par vaux, comme l'expression consacrée. Après le monastère, je trouvais un passage délicat sur un bourbier véritable. Impossible de pédaler en mode tout terrain dans un tel marécage. Si bien que j'ai posé pied à terre, façon de parler, pieds dans la boue plutôt et poussé le vélo, sur une dizaine de mètres. J'adorais ces escapades en pleine nature, tout autour de la ferme de mon père, dans des décors que je connaissais par cœur, sans aucun autre repère que mon sens de l'orientation, entre les sous-bois, prairies, chemins blancs, et autres pistes forestières. Mais, ce jour-là, tout ne s'est pas passé comme prévu. Sorti du bourbier, je remontais illico sur les pédales, pour reprendre le rythme de pédalage et d'avancée, sans doute grisé comme à mon habitude par l'effort et la vitesse de déplacement. Et le piège de boue s'ouvrait sur un pierrier. Amoncellement de petites et moyennes roches calcaires, ultra chaotique. Tant et si bien que secoué fortement, parce que je passais à fond, mon pied droit ripa de la pédale à cause de la boue collée sous la semelle, et les ergots métalliques de cette dernière vinrent lacérer mon tibia dans un flash sanglant. La boue accumulée sur mes chaussures en traversant le bourbier m'empêchait de tenir le pied sur la pédale et maintenant j'apercevais mon tibia ! Coup de pression immédiat. Réflexe, je remontais ma chaussette de foot immédiatement sur la plaie de 10 centimètres ouverte à l'air libre ; j'avais la chance d'avoir porté ce jour-là mes chaussettes roses de l'US Passavant. Et d'un seul coup, je me sentais blêmir, ayant une poussée de sueurs froides épique. Il fallait que je rentre avec cette putain de plaie béante où la blancheur de mon tibia ne laissait pas beaucoup d'alternatives. Je craignais le malaise, mais l'adrénaline montant en moi me transcendait. Je devais rejoindre coûte que coûte la maison pour descendre ensuite à l'hôpital. Et la tension du tibia ouvert sur le pédalage m'inquiétait gravement. Les sueurs froides étaient gérées, mais j'avais encore des kilomètres avant de rejoindre la maison. Je n'avais pas pris mon portable, et c'est normal, car je ne m'encombre jamais lorsque je vais en forêt, à l'ancienne en somme. De temps à autre, je remontais mon bas rose pour protéger la plaie et finalement, comme ma mère ne savait pas que je lui avais taxé son vélo, j'ai même pris soin de la nettoyer au Karcher, avant de prendre ma douche et finalement descendre me faire recoudre par une quinzaine de points de sutures aux urgences de Jean Minjoz. L'infirmière qui fit le job était assez sympa, et pendant qu'elle officiait sur ma plaie qu'elle jugeait très belle, je tentais vainement quelques traits d'humour pour la séduire.

Octobre 2015

Marie m'avait largué le jour même de mes quarante ans. Il faut dire que je voyais d'un assez mauvais œil la consommation de vin dans le cercle parental que nous formions elle et moi, autour de Colline et Guillaume, ses deux enfants d'un autre homme. Même pour cette fête, je vivais grâce à elle la responsabilité de beau-père d'une manière pleine et entière. J'avais installé une étagère à trois niveaux au-dessus du plan de travail de la cuisine, Marie avait un goût compulsif pour les bonnes choses. Nous vivions une relation intense. Elle faisait son yoga le matin, salutation au soleil, postures du guerrier et lotus... alors que je pratiquais mon renforcement musculaire, pompes, squats, travail des biceps et abdos évidemment. Bref, nous étions en pleine force de l'âge et nos ébats ne connaissaient jamais d'impairs, nous vivions un amour totalement investi l'un à l'autre. Jusqu'au jour où nous avons clashé aussi vite que nous nous étions accrochés, toujours l'un à l'autre. Pour des raisons que je ne comprendrai sans doute jamais. Marqué par la séparation, je choisissais de rejoindre l'océan, partir surfer, sur un coup de tête tout bonnement. Laver son souvenir et noyer ma tristesse grâce à la houle. Après tout, étant si loin des vagues, comment allais-je pouvoir surfer si je n'y allais pas ? Et puis comme je connaissais bien cette route traversière d'une France d'est en ouest, je n'avais plus qu'à charger ma Citroën de mon sac de nage et let's go ! C'est ce que je fis, sans prévenir. Cap sur l'Atlantique ! Et comme à chaque fois, je ressentais un choc à l'arrivée au bord de mer. Surtout à Lacanau, avec son dédale des petites rues du village, aboutissant sur la montée de l'avenue de la plage, projetant votre voyage tout droit dans l'eau salée et iodée, d'une surprise étonnante et inattendue, pourtant devinée, l'horizon inatteignable vous accueillait. Après avoir zoné un peu sur l'avenue, comme dans chaque station de sports de glisses, je découvrais les surfs shop, les magasins de location, les boutiques de surf, restaurants et stand de street food. Ne sachant ou faire la sieste, je posais la question à un local, comme à mon habitude, pour prendre la température des lieux rien de mieux qu'un échange avec un vendeur de gaufres quinquagénaire connaissant mieux les lieux que personne. Le gars bronzé comme un marin pêcheur rentrant de régate me suggéra la villa Zénith. Et son choix fut le meilleur. Lodge confidentiel situé à 500 mètres de la plage, je trouvais une résidence au style unique et apaisant. Catherine à mon arrivée me questionna sur mon parcours, et lui ayant révélé ma séparation, elle m'assena d'un « la vie continue » sévère, mais juste. Les sculptures d'inspiration indonésienne me replongeaient autour de cette philosophie d'ascétisme d'un surf « religieux », tout comme les autres pensionnaires de la résidence vivaient pleinement leurs séances de yoga également, ou stretching, on ne sait jamais très bien. Quant aux vagues, ma déception fut certaine de trouver encore une houle mollassonne. J'étais parti sans contrôler les prévisions de cette capricieuse houle sur la météo marine. Si bien qu'une 6 pieds et demi s'avérait être la bonne taille de planche pour pouvoir chopper des petites vagues d'une lagune ou le pic, sans cesse changeant, sans cesse mouvant, n'en finissait pas de diluer mes forces dans cette chorégraphie folle d'une allée et venue en quête d'un espoir aquatique. Dérouler une droite ou une gauche, ou tout droit, dans la mousse, s'avérait être la seule chose possible ces jours-là, avec autour de moi d'autres surfeurs du dimanche qui ne connaissaient rien ou pas grand-chose aux vagues. Aucun local à l'horizon, et c'était bien naturellement qu'ils ne voulaient pas se mettre à l'eau dans des conditions aussi touristiques.

Août 2005

L'été était encore relativement doux à l'époque, surtout en Suisse, aux Avant sur Montreux ou se tient maintenant chaque année depuis l'an 2003 exactement, le Bukolic free-ride. C'est une réunion assez particulière des pratiquants de sport à roulette : Skate, roller, streetluge, etc. La caractéristique du Bukolic, c'est son funiculaire qui est utilisé pour les remontées, un peu à la manière d'un télésiège pour les sports d'hiver. D'ailleurs, il fut construit pour la luge et le bobsleigh en 1900 « je ne sais plus quand précisément », mais il y a longtemps. Nicolas Gachoud est un des organisateurs, il connaît cette histoire sur le bout des doigts. D'ailleurs, c'est une des figures du free-ride urbain en Suisse. La Suisse, où je me rendis pour pratiquer le roller de descente dans l'esprit du free-ride, et non plus de la compétition comme je l'avais fait les années précédentes. J'avais donc embarqué mon équipement dans ma Xantia, rollers et caisse à outils, tente et glacière de camping pour rester deux ou trois jours, une ou deux nuits aux Avants. Techniquement, je trouvais la crème du free-ride routier européen, voire sans doute même mondial. En bon Bisontin qui se respecte, il m'était assez difficile de tenir le niveau des glissements de freinages suisses, slide hors paires. Les gars envoyaient du gros et je devais m'accrocher pour descendre à leur tempo : Pleine bourre. Clairement, j'étais un ton en dessous de la meute, et le groupe bamboulait avec une aisance qui me laissait envieux. Mais après tout, ce n'est qu'en se frottant au meilleur niveau que l'on progresse. La journée était chargée des descentes rythmées par les allées et venues du funiculaire, tandis que les soirées, s'en allaient à l'ambianceur pointu du sound système. Lorsque je me posais dans l'épingle de la Buko-beach, j'eus une révélation. Un mec doté de dreadlocks blondes, un rasta Allemand, utilisait un skate plutôt lent, mais glissant véritablement sur toute la largeur de la route. Il était le seul à avoir ce type de skateboard. Son style, doux et fluide, sûr et marginal au regard des autres skateboardeurs m'apparut extraordinairement logique. Lorsque plus tard, je rencontrais ce mec hors norme, je trouvais un Germanophone détendu et relaxé, a contrario des rollerskateurs de la mode lausannoise. Le gars, très gentiment, me présenta sa planche de skate. Une Freebord ! Vendue sur eBay principe simple, six roues, dont une paire de roues centrale qui roulent en permanence alors que les roues latérales glissent alternativement, créant ainsi un mouvement semblable à celui du snowboard. L'origine de ce rideur était à l'évidence plutôt nomade. Zurich, Berlin, Munich, il était assez compliqué de traduire son origine, mais j'avais bien capté comment me procurer cette merveille de skateboard dédié au feignant de mon acabit. Moi qui avais vieilli dans cette opposition camarade des skateboard et des rollers, durant les années 90, j'allais franchir le pas délibérément. Sans doute à cause du surf, inconsciemment, la planche m'apparut comme une évidence, et par-dessus le marché, elle ne coûtait que 60 € pour le modèle alpha. En rentrant chez moi, je commandais aussitôt ce qui allait devenir un choix crucial pour l'orientation de ma vie durant les quinze années qui suivirent, mais je ne le savais pas encore. Il fallut même l'aide d'une amie, Anne, résidente de Chaudanne, cela ne s'invente pas, pour pouvoir acquérir la planche par correspondance, car à l'époque les paiements sur Internet n'étaient pas si simples qu'aujourd'hui. Et c'est pour le jour de mon anniversaire, que nous recevions le colis, dans lequel une somptueuse freebord alpha livrée d'un bleu camaïeu aux roues Kryptonics translucides n'attendait que les routes de mon destin.

Janvier 2013

Toujours au travail dans une succession de petits jobs, je faisais la plonge au restaurant le 1802 depuis octobre. La brigade dirigée par Matthieu Pretet filait droit et il y avait intérêt, car nous avions un débit de plus de 100 couverts avec un niveau de qualité attendue, comme je l'ai décrit déjà plus haut. Angélique et Dominique étaient des patrons exigeants, car la clientèle haut-de-gamme ne l'était pas moins. À l'époque, j'étais investi tout naturellement dans la glisse en marge de mes activités professionnelles. Et tout était bon pour préserver mes aptitudes. Hygiène de vie, très peu d'alcool, pas de tabac, et des compléments alimentaires pour garder un bon niveau de performance. Avec en plus le suivi de ma souplesse dans un stretching surveillant la flexibilité de mon corps, je veillais également au renforcement musculaire nécessaire au maintien de ma force et de ma capacité à encaisser des chutes. En bref, avec mon job de plongeur en temps partiel, je complétais ça en bûcheronnant pour mes parents tout en ayant une routine sportive excellente, si j'ose dire. J'avais commencé les exercices de fitness en 2007, alors je savais qu'un rien ne vient perturber votre équilibre. C'est la raison pour laquelle je me livrais à ces exercices de stretching puis de renforcement environ 30 minutes par jour, pas plus, pour préserver la machinerie humaine de toute dérive gargantuesque d'un délire culinaire ou d'un hédonisme perdu dans la vacuité des jours s'enchaînant les uns après les autres. Nous étions donc en hiver, et comme à mon habitude, je partais pour une session de ski en pleine semaine. Il faisait grand beau ce jour-là et les conditions étaient tout bonnement exceptionnelles, car il avait neigé durant la nuit une bonne couche d'une hauteur dont je ne saurais plus estimer le niveau. Si ma mémoire est bonne, j'avais dû me garer à Métabief, ce qui m'arrivait rarement, car je me garais plus souvent sur Piquemiette, là où les pentes franches sont d'un niveau nettement plus alpin, alors que le côté Métabief est moins engagé. À l'exception d'une seule et unique piste, noire, la Renversée. C'est le coteau situé sous les télésièges du Monrond. J'étais le premier aux caisses pour l'ouverture ce matin-là. Le monde appartient à ceux qui se lèvent tôt, ça ne changera jamais. Forfait en poche, premier également au télésiège. Le domaine entier s'offrait à moi, le soleil levant illuminait de fraîcheur ces conditions d'enneigement optimales. Je m'échauffais sur la partie haute du Monrond, avec un instinct curieux, sans idée précise ni envie particulière, autre que celle de trouver une bonne glisse, avoir un bon geste et user de mes aptitudes dans cette pratique paradoxale de descendre les pentes. (Tous les prétextes sont bons pour un addict aux sensations). Arrivé sur le haut de la Renversée, je ne réfléchissais pas une seconde, soulevant le cordeau de sécurité interdisant l'accès aux touristes, j'avalais la pente dans la poudreuse. Sensation extraordinaire, je posais là sans frémir une trace en lacet de toute beauté, du premier coup. Direct dans la face. Ouvrant la piste, sans penser une seconde au risque d'avalanche, le moelleux d'une neige vierge de toute trace fonctionnait à merveille sous mes skis au son feutré et délicat. La pente fut rapidement avalée, 3 à 4 minutes sans doute, pour des secondes d'éternité, en une vingtaine de virages, je repiquais à droite de la renversée, lorsque le dénivelé trop ardu me rappela au souvenir des risques de dérobade avalancheuse. Et cette sensation planante en l'espace d'un quart d'heure, avait déjà disparue. Je venais de signer l'une des plus belles traces de ma vie. Tout était en place, soleil, signature dans la neige vierge, des touristes et moi sur le télésiège, remontant déjà pour la prochaine descente, écoutant leur remarque authentique : « Waouh, t'as vu la trace du mec qui est passé là ! » Je ne pouvais résister à leur aveu, « oui les gars c'est moi qui suis passé par là quinze minutes plus tôt... »

Mai 2001

Cela faisait maintenant plus d'un an et demi que je m'étais élancé en descente pour la première fois. J'allais même parfois sur la côte de

Vuillafans Échevannes, connue pour sa course de voiture de sport. Le spot était plutôt tranquille, voir même quasi désert en fin de journée et mes amis, William entre autres, ma tante Marie Christine et Joël son compagnon, ainsi que ma mère, avaient participés à mon entraînement de descendeur, car à l'époque, j'utilisais une voiture pour effectuer les remontées de ce ruban de bitume long de presque 5 kilomètres. Ces personnes croyaient en l'avenir de mon sport, nouveau mais évident. J'avais acquis un patin Salomon, des Tr Vitesse, en cinq roues et je surfais régulièrement sur le site inlinedownhill.com, car en plus je fus un des premiers à obtenir Internet dans le village. Cela dès l'automne 2000, je trouvais un IBM en leasing acheté 7000 francs pour l'époque, c'était une fortune et plusieurs mois de salaires. Donc sur le site de roller dont je parlais, il n'y avait à l'époque que des photographies plutôt succinctes et des textes, relatant les compétitions de descente du circuit européen. Il fallait du temps à l'époque pour télécharger. Si bien que je finis par rêver de prendre part à l'une de ces compétitions. Et c'est seul, entièrement seul que je décidais de participer à l'une d'elles, Feldkirch-Ubersaxen, à l'ouest du Tyrol, tout proche de la Suisse ou du Liechtenstein. Comme je bossais au service de remplacement tout en vivant chez mes parents, je travaillais également sur le ferme de mon père, Daniel, qui voyait d'un très mauvais œil cette fantaisie compétitrice, au contraire de ma mère qui m'aurait encouragé pour n'importe quel investissement qui aurait été le mien. En d'autres termes, rien n'était incompatible à ma participation à ce Contest, sauf mon avenir paysan. Il fallait simplement que je me prépare, avec une licence de la fédération en bonne et due forme, doublée d'un certificat médical de non-contre-indication à la pratique du roller en compétition, et puis surtout le budget, somme toute restreint puisque l'euro n'était pas encore là il me fallait changer mes Francs en Schillings Autrichien. Une somme de petites préparations, avec l'entraînement bien sûr. Toutefois, les racines de cet engagement en roller de descente remontent encore une fois à la Chocolaterie Klaus où j'effectuais mon trajet domicile travail à roller. C'est Lys, une femme brune très féminine qui me poussa un jour à sortir des sentiers battus, en regardant par la fenêtre de mon appartement. Nous étions à Morteau chez moi, rue de la côte (cela ne s'invente pas...) Et Lys me dis alors : Et cette montagne en face, pourquoi tu n'y vas pas faire du roller ? Il s'agissait de la route montante de Montlebon au Gardot, d'environ 6 kilomètres également. Et aussitôt dit, aussitôt fait, le lendemain elle conduisit ma Citroën Bx au sommet de ce col Haut-Doubiste Jurassien pour me lâcher dans la gravité montagnarde d'une route secondaire d'accès à la douane Suisse. C'était en quelque sorte la route des contrebandiers d'autrefois. Je ne me souviens pas être tombé ce jour-là, et je n'avais pas intérêt, car simplement armé de mes protège-poignets et de mes Rollerblades à step-in, j'allais prendre cher.

Novembre 2006

Ma toute première session de surf a eu lieu à Peniche, après mon escapade de recherche d'emploi à Lisbonne inaboutie. Après avoir posé mes valises dans ma chambre au surf lodge, je reprenais mon automobile, encore et toujours l'automobile, pour rejoindre une crique rocheuse des alentours de la ville. Le genre de spot qui n'est pas très bien répertorié sur les cartes. Je ne savais pas vraiment quel nom était-ce, mais les rochers à descendre pour rejoindre la plage étaient tranchants comme des silex. C'était peut-être Santa Cruz, du nom du village avoisinant, ou bien Mohle Leste, ou Praia de Cerro... La confluence des trois pourrai-je écrire. En tout cas, j'étais là, comptant du haut de la falaise, la fréquence entre chaque vague qui déroulait sur la droite, m'habillant fébrilement d'une néoprène de location déjà ample. J'allais surfer et c'était un événement. Le soleil radieux d'automne lusitanien m'offrait des conditions optimales. Si bien qu'une fois prêt je descendis par le sentier aménagé pour atteindre l'eau. Et ma mise à l'eau était déterminée à pouvoir capter le maximum de vagues sur cette déferlante modeste, mais appréciable. S'agissant d'un reef-rock, comme le disent les anglophones, j'étais plutôt confiant, car les rochers de la plage n'étaient pas un simple banc de sable et je ne le savais pas, mais il ne me fallait surtout pas rester embarqué dans une déferlante jusqu'au rocher. C'est ce qui bien dans l'ignorance, c'est que la peur n'évite pas le danger comme le répétait toujours mon père. À ce dicton, je rajouterai aujourd'hui qu'il n'y a pas de mauvaise vague, il n'y a que des mauvais surfeurs. J'étais donc parti pour trouver ma vague sur ce spot encerclé d'une crique plutôt abandonnée, ou je naviguais sur ma planche de cinq pieds six, juste la bonne taille pour entrer dans ma berline. Et puis il fallut que je trouve le pic. Une fois dans l'eau, le relief lissé par la platitude océanique me surprenait, alors que je cherchais à atteindre cet endroit inatteignable, d'une vague naissante, changeante et mouvante par définition. Ce que je ne savais pas c'est que ma session allait devoir être sportive. Moi qui étais un routier du roller et de la freeboard, je devais sérieusement me sortir les tripes pour dynamiser ma séance, de manière à rebondir sur chaque vague prenable. C'était un pari dont j'ignorais la teneur à l'époque. Sans même savoir faire un canard, ce n'est que lorsqu'un jeune skateboardeur brésilien me rejoint que je compris. Nous étions maintenant deux sur le spot et ce jeune surfeur maîtrisant parfaitement son sujet, je prenais une leçon aux premières loges. Son truc, changer de position d'appui sur la vague. Il passait de Goofy à Regular, sur la même vague. J'étais subjugué, alors que je n'avais pas réussi un seul départ, zéro take-off. Mais je persévérais tant bien que mal. Nous ne nous sommes pas parlé ce jour-là, mais son agilité à surgir hors des eaux dès qu'une petite onde se dessinait m'encourageait à continuer tant bien que mal. Ce que je fis jusqu'à ce que je ressente parfaitement ce relief naissant sous mes brasses, pour laisser tomber la rame nerveuse, et trouver juste l'élan nécessaire au chargement de ma planche, grâce à cette houle d'une combe protégée des vents. Seulement, ma combinaison néoprène était un vrai sac d'eau à chaque tentative. Je chargeais le surf, mais mon torse engloutissait 5 litres d'eau à chaque fois. J'avais fait un mauvais choix à la location, comme tout touriste novice. Lorsque je quittais ma session satisfait, j'eus la déception supplémentaire de foutre un max de sable beige sur le velours bleu nuit de ma berline. C'était le désagrément du jour, comme quoi il faut peu de choses pour ternir une magnifique journée de surf, théoriquement.

Juillet 2006

J'ai appréhendé l'usage de ma freeboard lentement, mais sûrement. Ce lundi cela fait presque un an que je l'utilise régulièrement. D'abord, le premier contact se fit sur une route quasiment plate, sur le belvédère de la Grâce Dieu, cela ne s'invente pas. J'étais tranquillement sur le spot en pleine forêt seul, avec ma planche, à tenter de gérer les équilibres de droite puis de gauche, pour parvenir à user de cette capacité au glissement créée pour les feignants du skateboard en mon genre. En effet, je trouvais une méthode avec cette planche, qui permet de glisser tout en allant très lentement. Ce qui est faisable avec un skate traditionnel, mais nécessite un geste assez rare dans la communauté des skateurs. Et les mois depuis son acquisition se succédèrent avec l'hiver, mais je pratiquais assez souvent cette planche, en tout cas suffisamment pour monter dans la côte de Passavant à la sortie du village. Comme la maison de mes parents était située à cette sortie du village, personne sauf les voisins d'en face ne me voyait. Ensuite les automobilistes, mais vu que je m'effaçais systématiquement à l'arrivée d'une voiture, cela passait. J'ai toujours gardé un profond respect pour le code de la route. Et puis cette ligne droite d'un kilomètre me laissa toujours anticiper la présence des voitures. J'étais donc bien avec ma planche ce soir de juillet. Ma mère avait regardé « plus belle la vie », je revenais du travail, chez Lactalis, et je n'étais pas totalement dans ma planche, puisque je pensais à mon ami Franck, et ce qu'il me dirait lorsqu'il verrait mon engagement sur ce skateboard. Je ne sais pas pourquoi je pensais à son avis, mais en tout état de cause, je n'étais pas assez concentré à mon effort et j'eus un « back edge ». Une faute de quart en français dans le texte. Les roues extérieures, stoppant net, m'envoyèrent valdinguer sur le bitume et mon poignet subit une hyper extension que je devinais délétère durant l'éclair de ma cabriole. Et effectivement, j'avais gagné une belle entorse. J'étais dans le sous-bois, à presque 800 mètres de chez moi. Je devais finir ma session et sans doute rejoindre les urgences en traumatologie, abonné à la bobologie. Il faisait un temps d'été radieux. Alors pour atteindre la maison, plutôt que porter ma planche bêtement, je me souviens avoir choisi de descendre la côte toujours en freeboard. C'était le moyen le plus cool de revenir, même avec une entorse au diagnostic attendu. J'ai donc rangé ma planche comme à mon habitude, dans la cave de la maison, à sa place. Près de mes skis. J'ai ensuite pris une douche, chaude, avalé du Doliprane, et conduit jusqu'à l'hôpital Jean Minjoz tranquillement, avec le poignet dans une attelle bidon que j'avais scotché dans du carton pour maintenir mon poignet droit afin de conduire normalement. Arrivé chez les urgentistes, ce fut la procédure habituelle, radio, examen, entretien, prescription, plâtre en résine et 6 semaines d'arrêt de travail. Comme j'avais des velléités d'écriture, c'était presque une aubaine pour faire simplement ce qui me faisait rêver. Avec mon plâtre, je conduisais même les tracteurs pendant la convalescence, sous l'œil bienveillant de mon père qui se foutait pas mal de cette satanée planche de skate. On faisait les foins comme d'habitude, j'écrivais un roman nommé « le quatrième état de la matière » et je repris même la planche avec le poignet dans l'atèle. Cela me servit de leçon. Aujourd'hui, nous sommes en 2023, et je n'ai pas eu de nouveau renvoi sur l'angle avec ma planche pendant toute cette période. Je touche du bois, comme on dit, mais cela ne suffit pas, il faut surtout garder une pleine conscience de son évolution et rester affûté pour les chutes éventuelles. Conseil de vieux skateur... D'ailleurs, lorsque l'on voit les plus folles figures comparée à ce que le commun des mortels est capable, on peut se demander légitimement si ce skate n'est pas une arme de destruction massive dirigée contre les naïfs et les rêveurs.

Mars 2006

Le printemps est humide à souhait après une petite incursion à la transjurassienne. Je bosse toujours chez Prédisent, Lactalis, en d'autres termes, il y avait encore une bonne épaisseur de neige en ce week-end de février, et je dois avouer que le ski de fond, en pas de skating, provoque une sensation de décollement des épaules et du dos assez unique en son genre. La fatigue et la sensation déployée à l'effort sur la piste de Mouthe, relève d'un feeling tout à fait spécial. J'avais les skis de fond, du bon matériel comme toujours, c'est Nicolas Chouard, le prof de sport du Haut Jura qui me les avait vendus en 2002. Fisher ultra léger. J'ai même eu droit à des compliments le long du parcours de cette transjurassienne par des spectateurs enthousiastes à la vue de mon style libre. Bien entendu, je n'ai pas été classé, toujours dans les méandres du classement. Ce qui n'avait aucune espèce d'importance à mes yeux. Je crois que j'ai été définitivement trop feignant pour être un sportif de haut niveau, mais en même temps j'ai été suffisamment tenace pour ne pas être un sportif du dimanche non plus. Toujours est-il que mon job me laissait 35 heures d'usine à la chaîne, et ensuite, j'étais libre de faire ce que bon me semble puisque mon père ne me demandait pas de bosser sur la ferme, ou alors pour des coups de main bien précis. Je m'étais donc mis en tête, en fréquentant les Lausannois, de rouler dans la pente la plus forte de la région, les jours de pluie pour glisser un max en roller. Le principe était simple, et c'était une idée que Manu Schwab m'avait glissée, pour apprendre le slide en mode « magic »... À l'époque, mon amie infirmière me branchait souvent pour des parties de jambes en l'air, d'une manière assez triviale, mais c'était tellement agréable de subir les avances explicites d'une femme. Cependant, je n'avais en tête qu'une session de descente dans la Malate, route très secondaire de Besançon à Montfaucon, serpentant dans un coteau avec des pourcentages de pente digne d'un Valais Suisse international. Bref depuis le sommet du relais télévision jusqu'aux rives du Doubs, il y avait un dénivelé sérieux de minimum 200 mètres, d'une route traversant un village accroché à flanc de colline, puis plongeant dans un bois abrupt pour atterrir sur les berges de la rivière du Doubs. Et ma compagne, me conduisait à ce sommet dans sa 206, pour me suivre jusqu'en bas le long des 6 kilomètres de petite route engagés à roller inline. C'était assez original comme pratique sportive pour la capitale comtoise, voire totalement incongru. Naturellement, nous choisissions toujours un créneau assez délaissé des usagers pour être peinard, mais j'avais toute la peine du monde à trouver la bonne glisse. Toutefois, à force de slalom tâtonnant, je finissais par appréhender ce glissement si particulier qui ne m'a toujours pas quitté aujourd'hui, d'un slide du pied intérieur pour freiner l'avancée sans vraiment glisser en parallèle comme lorsque je suis sur du plat. En d'autres termes, je n'ai jamais vraiment déchiré la route de glissades magistralement longues, mais j'ai trouvé cette technique de petits bouts de glisse, qui donne son touché de route. C'est un passage sans doute très technique, mais il faut bien avouer que choisir cette route, sous la pluie, relève d'un défi que personne d'autre n'a relevé, j'en ai l'exclusivité c'est une certitude. Chemin ultra confidentiel, conditions de guerrier, apprentissage de la glisse incontournable ! Il faut dire aussi que les vidéos, dont un passage de Lionel Cattier, m'ont grandement inspiré, un peu comme si j'avais un coach en tutoriel. Quoi qu'il en soit, l'important n'est pas là, il s'agit tout bonnement d'un engagement unique dont je témoigne aujourd'hui. Les années ayant passé, la route est aujourd'hui totalement dégradée et quasiment impraticable au roller ou au skateboard. En ce qui concerne ma technique, mon ami Manu Schwab avait raison, ce fut la bonne voie pour toucher la route en glissant, d'un roller à l'autre, progressivement, étape indispensable à la fulgurance des freinages canadiens de l'élite suisse.

Interlude

Si la dominante des sports de glisse propose un attrait évident dans ces mémoires, je n'ai jamais été véritablement un professionnel du genre. Avec bonheur, comme j'aime le rappeler. Car libre de toute contrainte dans des obligations performantes, spectaculaires ou médiatiques, naviguer dans les interstices et méandres d'un univers exempté, mais ô combien averti des risques encourus, fut souvent la coïncidence d'une envie, d'opportunité, d'intuition et de chance. C'est la question du destin. Dominante, car bon marché, ma glisse urbaine n'est pas un signe d'engagement politique tangible, mais plutôt empreinte d'un vœu pieux. Investi également dans ces terrains de montagne ou de mer, monde d'idéaux, les capitaux réunis durant ces nombreuses aventures siègent ici entre les lignes. Avec les succès, et les échecs. Ce qu'il faut considérer malgré tout comme une trajectoire rare, objectivement sous le signe d'une bonne étoile, indulgente parce que trop souvent provoquée, devrait offrir à l'avenir un champ de réflexion, un recul, une appréciation sous votre propre libre arbitre. Prolonger ce caractère libre, aventurier, parfois même rebel ne pourrait se faire sans remercier des parents bienveillants pour l'éducation optimale reçue, et une présence toujours rassurante. Remémorant mon passé avec étonnement, émerveillement ou tristesse et regret, le carré de mes années disparues, se tient ici comme le fil du rasoir jouant entre rêve et cauchemar. Entre la ferme paternelle, les explorations free-ride, quelques consultations psy et la persévérance au turbin, c'est là une quadrature du cercle régulière. La stabilité dans l'instabilité, le changement comme constante, durablement.

Aujourd'hui livrant ces paragraphes d'anecdotes intimes ou cordiales, je vous invite à savourer une plume forgée le long des heures et des kilomètres authentiquement aventuriers, d'un désir borderline assumé consciemment. Et croyez-moi, ça envoyait sévère, régulièrement, comme c'était aussi totalement minable, parfois ! Alors, pourquoi pas victime, d'avoir cru à cette chimère d'un accomplissement nouveau, celui des glissades iconiques qui éblouissaient mon inconscient, celui du mirage de l'avenir à inventer complètement. Comme je l'expliquais souvent à mon entourage, j'ai multiplié les contrats professionnels courts donc précaires, en participant tant bien que mal aux travaux d'une ferme dont on me refusa la pérennité, ceci surveillé régulièrement par la médecine et sa psychologie bienveillante si bien que ma recherche de glisse fût cette bulle d'air incroyable. Ces quatre piliers alternant les uns avec les autres au gré des jours et des nuits, durant presque 20 ans. Avec un autre angle, je pense avoir toujours eu, ce que certains nomment un spectre autistique léger, pas mal d'éléments de ma jeunesse m'évoquent cette possibilité, comme l'hyperactivité, ou ma combativité d'enfant avec mon petit frère. Lorsque jeune adulte je m'initie à ces techniques sportives, ma maturité en pris un coup (sans doute même davantage que la consommation ponctuelle de cannabis en société) et logiquement la confrontation parentale pour l'avenir de la ferme me conduisit chez le médecin à de nombreuses reprises. Heureusement, cet état apparenté de « sportif moderne » m'aura toujours tiré vers la valeur du travail, encore fusse-t-il précaire. Enfin, sur un dernier plan intime et amoureux, pour toi ma compagne et amante, confidente ou muse, je ne terminerai pas cette phrase ici.

Mars 2002

Comme j'avais été viré de mon job de professeur d'informatique du lycée rural privé de la Savine, en toute logique je cherchais du travail, et galérais pas mal pour retrouver quelque chose. Il faut dire que les annonces de Pôle Emploi n'existaient pas encore sur Internet de manière fiable, et du coup mes réseaux étant assez limités sur le Haut Jura, je n'avais rien en perspective d'embauche. En plus, mon licenciement était dû à ma position de défense d'une élève prise en train de fumer un joint après l'étude du soir. Sabrina Dogru, en terminale. Elle était plutôt douée, et se permettait ce genre de fantaisie. Comme elle risquait le renvoi, elle avait annoncé que je pourrais la défendre, en tant que prof d'informatique. Et c'est ce que je fis. Je n'avais pourtant rien à voir avec une quelconque consommation de cannabis, pourtant son usage de la substance illicite, n'était que dans un cadre d'agrément, de détente, et n'entravait en rien son parcours scolaire. Mais on ne tergiverse pas avec l'éducation privée de nos adolescents et par conséquent, je fus viré, tout comme l'élève. Alors que les élèves par groupe entier se massaient au bar du quartier pour prendre une murge avant de venir en cours d'informatique. J'étais scandalisé et le proviseur ne céda pas une once de progressisme. Alors désœuvré professionnellement, j'avais trouvé un rôle de bassiste dans un folk band local, avec Pépite, Seb Bouveret et deux autres dont j'ai oublié le nom. Les journées, j'occupais mon temps à skier, car en cette époque, l'hiver était encore digne de ce nom dans le Haut Jura, entre Morez et Les Rousses. C'est donc sur les pistes que je rencontrais Lucie. J'avais immédiatement remarqué son style incisif et fluide depuis mon télésiège des Jouvencelles. Et comme je coursais les filles sur les pistes, pour partager le télésiège avec elles, je l'ai rattrapé assez facilement. C'est vrai c'est un comportement assez viril, mais je dois admettre avoir eu tendance à repérer les filles skiant seules pour pouvoir ensuite les rejoindre et engager une conversation de dragueur invétéré, néanmoins gentleman, sur le télésiège, endroit idéal pour une rencontre non ? Je pistais les dames, comme d'autres dament les pistes. En tout bien tout honneur, et cordialement, loin de moi l'idée de me draper en prédateur sexuel, toutefois il faut bien reconnaître qu'à l'époque de mes 27 printemps, le célibat me pesait et Meetic n'existait pas encore. Alors je retrouvais Lucie sur ce télésiège et nous sympathisions naturellement. Il faisait beau ce jour-là, et son masque de snowboardeuse en léopard était sexy à souhait. Je lui demandais si elle était seule, et c'était le cas. Nous avons skié ensuite le reste de l'après-midi avant de devenir maîtresse et amant. Lucie habitait sur les Mollunes, en direction de Lajoux, Septmoncel, au Trappeur, un gîte en désuétude doté d'un télésiège de petite taille, mais autonome. Elle était une virtuose du snowboard et nous avons passé ensemble des moments magnifiques. Cependant, je devais quitter le Haut Jura, pour rejoindre la ferme de mon Padré, au mois de juin. Alors notre relation s'est achevée de cette manière, comme elle avait commencé. Nous avions partagé une tranche de vie, mais nos chemins se séparaient. J'avais monté un roller de descente superbe pour Lucie. Le modèle Descendeur de Rossignol, avec un châssis Salomon cinq roues bien sûr, le châssis tri-arche. Elle n'en a pas voulu. Refusant mon cadeau, je vendais plus tard ce patin à Chris Junketta, de Lausanne. Sans doute 200 € si ma mémoire est bonne, lors de l'Urban Contest de la ville organisé à l'époque fin août ou septembre.

Septembre 1997

J'étais parti à Vichy après ma séparation avec Virginie. Les examens du brevet de technicien supérieur de La Roche sur Foron furent passés avec succès, si bien que je pouvais accéder à la classe de licence pour préparer mon diplôme d'études supérieur de qualiticien, animateur qualité, exactement. J'avais donc aménagé dans cette ville inconnue petite, mais cossue, avec une tradition thermale qui confère à Vichy une richesse tournée vers la santé et le bien-être, doublée d'une forme d'élégance n'ayant aucun rapport avec le gouvernement de Pétain des années 40. Avec mes nouveaux camarades, Aurélie et Colombe, nous avions trouvé une prof de yoga qui offrait une session découverte. Elle était située dans un appartement ancien près des allées du parc, à la promenade abritée célèbre. Nous avons rejoint la professeur de Yoga, dont je ne me souviens plus du nom ni du type de discipline. Vinasha peut-être... La prof, âgée de près de 60 ans, nous a offert une tisane de bienvenue et pendant que nous la buvions, elle nous questionnait sur les motivations qui nous conduisaient à elle. Ensuite, la séance a débuté, et les exercices respiratoires et posturaux se sont enchaînés, pour terminer par une séance de méditation dirigée par la prof. Lorsque la séance prit fin, j'étais littéralement gorgé d'une énergie incroyablement douce. Colombe et Aurélie ne pensaient qu'à rentrer chez elles pour passer une bonne nuit de sommeil, alors que je trouvais en moi une énergie exceptionnelle. Je suis rentré chez moi et j'ai sans doute pratiqué ma guitare Ibanez, qui faisait partie de ma vie durant cette période. Je n'ai pas souscrit de cours auprès de la prof, mais cette initiation m'a accompagné durant des années, et m'accompagne encore. C'est vraisemblablement grâce à elle que je me suis investi autant dans mon bien-être et mon épanouissement personnel par le stretching, ce que je nomme ainsi comme une forme de Yoga. Pas besoin de prise de tête et de rituel ou je ne sais quelle autre formalisation traditionnelle Hindouiste, pour s'épanouir dans cette discipline. Il suffit de s'engager dans une posture qui doit impérativement être doublée d'un travail respiratoire. C'est ce que j'ai fait durant toutes ces années, et ce que je pratique encore. Une forme d'hygiène à part entière. Comme la toilette, l'alimentation, le sommeil, mon stretching reste un moyen fiable de pouvoir ressentir mon corps et mes muscles, articulations, trouver un moyen d'évincer les tensions, les courbatures, la fatigue. Cela ne prend pas beaucoup de temps, juste quelques minutes, une trentaine dans le cas de figure le plus long, et je pratique toujours en fonction de mon humeur, du moment de la journée, de mon cycle d'efforts.

Juin 2005

Il y avait comme chaque année la course de côte de Marchaux pour les motos, à proximité de Besançon. J'avais pris mon paquetage de compétiteur dans l'espoir de pouvoir ouvrir la route entre deux sessions de montées chronométrées. Je chargeais la voiture une fois de plus et mis le cap sur le site. Arrivé sur place suffisamment tôt le dimanche matin, il me fallait rencontrer le directeur de course et me présenter, lui expliquer mon projet et vérifier avec lui la faisabilité. Je crois que j'avais mes Freeskates Salomon pour la descente avec moi. Et sur place, après sa recherche et une fois en présence du directeur de course, je lui explique l'idée, chose déjà exceptionnelle, car il me consacre un peu de temps dans une journée très serrée en termes de timing, j'avais de la chance. Mais si mes souvenirs sont bons, je me suis adressé à plusieurs personnes avant lui, pour que l'on m'indique son conseil. Ma présentation était simple, pourrais-je faire la descente en roller entre deux montées motos, avant le retour des compétiteurs au départ ? La question fut posée, et sans trop hésiter, il me donna une réponse favorable ! J'avais le droit de pratiquer une démonstration de roller en descente devant une foule de centaines de spectateurs venus voir la course de côte des motocyclettes ! Licence, certificat médical, autorisation, lecture du règlement, rien de tout cela ne fût abordé, et la seule chose que fît le directeur de course c'est me mettre une claque bien frappée dans l'épaule gauche pour s'assurer de mes réflexes et ma robustesse. La vieille école en somme. Il me dit, tu montes avec nous dans la voiture de direction de course, et tu redescends ; juste après les motos, sans trop perdre de temps. La voiture du directeur de course était un X3 flambant neuf prêté par BMW Besançon. Après la première séance d'essais chronométrés, il m'ordonna de monter à la place passager, devant, et nous partîmes vers le sommet de la portion chrono. Les derniers motards arrivés, tout le monde attendait de repartir au départ en faisant le chemin inverse. Nous sommes descendus de la Béhème, et j'ai suivi le retour des motocyclettes en faisant mon truc. Un sacré pied. La route fermée, je devais suivre assez près les gars qui roulaient fort aussi en redescendant, mais en paquet, quoique plutôt en file indienne. Lorsque nous avons passé la dernière épingle avant la ligne droite, il y avait la dépression dans le sous-bois avant le pif paf précédent la ligne d'arrivée. Bien sûr, je n'allais pas aussi vite que les motos si bien que la distance s'est allongée entre le dernier gars et moi. N'ayant pas capté, je lâchais dans la dépression, pour prendre le max de vitesse. Naturellement, je suis arrivé pleine bourre sur la fin du tracé, et donc sur l'arrivée dérobée, sans visibilité. Mais là grosse alerte, un troupeau de bécanes s'était amassé bien en devant de la ligne de départ, j'avais affaire à un « embouteillage »... Il me fallut réagir in extremis, je n'avais pas d'autre choix que freiner d'urgence ou je faisais un strike dans les carénages. Bam, j'ai envoyé inexplicable un véga, le freinage en T inversé, à droite. Et j'ai glissé sur plus de 6 mètres avant de m'arrêter évidemment tout en tentant de doser l'adhérence du patin, à un chouia du premier deux roues. La descente suivante, dans les courbes de la clairière, j'avais remis ça. Mais cette fois, je gardais un peu de distance par rapport aux motos, échaudé légèrement, je voulais assurer. Soudain, dans les spectateurs, j'entendis une voix crier « tu vas te péter la gueule »... Le mec devait être devin, plus loin, hors de sa vue, après l'avant-dernière épingle à gauche, en relançant sortie de virage, mon patin a accroché les bottes de paille et je me suis étalé brutalement. Avant de me relever et repartir dare-dare. Arrivé en bas, je suis passé voir le stand de la Croix Rouge, car j'avais une petite plaie, brûlure superficielle pile sur les poignets d'amour. Et c'est Hélène qui se chargea de guérir ma blessure, tout comme elle m'invita chez elle à une partie de jambe en l'air les jours qui suivirent. Consciencieuse, elle veilla également à la cicatrisation de mon bobo, que les skateurs appellent « pizza » en raison de la forme rougeâtre et souvent circulaire de ce type de blessures.

Octobre 2002

Chamonix m'avait offert déjà de belles courses en moyenne montagne depuis le mois d'août où je vivais là en saison, à la lisière de la dénommée haute montagne. J'avais échoué au Chamoniard Volant, un gîte ou refuge de vallée, qui grouillait d'un cosmopolitisme extraordinaire. Coréen, Américain, Japonais, Polonais, Anglais, Belges, Italiens, presque impossible de connaître toutes les nationalités. Nous nous retrouvions souvent dans la cuisine collective pour échanger sur les détails de course en montagne, à partir des cartes IGN, à l'ancienne. L'ambiance était unique dans cette vallée du Mont-Blanc. Et c'est un matin après avoir déjà flirté avec les 2800 m au-delà du plan de l'aiguille Verte que je décidais de partir sur la voie normale du Mont-Blanc, pour découvrir, en solo comme d'habitude. J'emmenais quand même dans mon sac à dos, avec un couchage, mes chaussures de rando, et des vivres. Parti jusqu'à Tête Rousse, tout allait bien aux alentours de 13 h 00. Jusqu'à ce qu'un gars planté sur le toit du refuge en contrebas du glacier me fasse des signes pour me faire rebrousser chemin. J'étais sur la trace de la cordée précédente, la voie normale, et je fis demi-tour, pour planter mon nez dans la moraine et trouver des cristaux de roche posés sur les rochers. Les ramassant, je ne réalisais pas continuer de monter, et après avoir trouvé un cordage fixe abandonné, je grimpais encore, ignorant le mec qui m'avait fait les signes. Et je fus comme happé par la montagne en quelque sorte. J'étais en pleine forme et je continuais de monter, sur la voie de l'arrête Payot pour le truc le plus extrême de ma vie. Sur le refuge du goûter, l'ancien refuge, j'apercevais une cordée sur sa terrasse, par un grand soleil évidemment, ce qui inconsciemment a dû m'attirer vers le haut je pense. C'est hélas, après un passage épique, où un rocher tomba lorsque ma main se posa dessus, que la montagne m'a capturé. Par surprise et réflexe, je me suis précipité contre la paroi, et dans l'élan, à l'opposé de la chute du très gros rocher que j'avais provoqué, je me suis lancé dans l'escalade du surplomb le plus mortel que je n'ai jamais franchi. Je me demande encore ce que ce rocher faisait là en équilibre. Agrippé à la paroi, j'ai franchi le surplomb haut de ma taille, pour atteindre un dièdre où je savais que redescendre ne serait plus possible. Je n'avais qu'une idée en tête, monter au refuge. Et puis continuant, je trouvais bientôt de la neige, en mixte avec le rocher, cela commençait à être terriblement dangereux pour mes baskets de randonnée. Heureusement, j'avais ramassé un pieu de chêne près de la voie ferrée de Saint Gervais qui conduit au nid d'Aigle au début de la matinée. Allez savoir pourquoi. Alors je m'en suis servi pour accrocher les prises et assurer ma progression. Tout comme la journée passait, je voyais soudain un avion voler à la même hauteur que moi, à l'horizontale de mon regard, alors qu'il venait de survoler le glacier des Bossons et du Taconnaz, j'étais accroché à mon morceau de granit et de neige comme il évoluait en l'air ! Au-dessus de ma tête, les choucas ne planaient plus quand je revêtis mon sweatshirt, car en fin de course, la neige domina complètement pour se former en corniche, celle de l'aiguille du goûter. Et je dus donner toute ma hargne et mes tripes pour franchir cette escalade qui culminait à 3800 m d'altitude, à la nuit tombante, dotée d'une lumière crépusculaire invraisemblable, en shootant dans la neige dure afin marquer mes prises verticales. Lorsque je me suis relevé sur l'arrête après avoir pris soin de ne pas basculer tout du long, dans une transe sportive et émotionnelle totale, j'avais franchi le truc le plus dingue de toute ma vie. Je ne le savais pas ce jour-là, mais cette arrête est considérée comme particulièrement dangereuse, voire mortelle par les alpinistes. J'aurais pu mourir en haute montagne. Toutefois, mes capacités athlétiques, mon mental, m'ont probablement sauvé. En arrivant au refuge du goûter pour m'abriter, il faisait nuit, vers 21 h 00. La cordée ne m'attendait plus, mais j'ai eu encore l'élégance de balancer une connerie à la cantonade en tentant de faire marrer tout le monde, m'excusant d'arriver si tard...

Août 2013

J'étais chez mes parents ce samedi soir, et je me souviens avoir maté la télévision, notamment un match de foot de l'équipe de France, ce qui est particulièrement rare pour moi, même si j'ai été un joueur de foot à l'U.S. Passavant, le club de mon enfance. Je m'étais ennuyé comme d'habitude tant le dogme de ce sport de haut niveau reste un carcan social selon moi. Et il était à peu près 23 h 00 lorsque je me retrouvais dans ma chambre, la fenêtre ouverte bien sûr, en train de composer quelques accords de blues sur ma guitare sèche. À ce moment-là, je percevais une musique, des basses, assez régulière. J'imaginais tout de suite qu'il s'agissait des voisins, David faisant sans doute une fiesta chez ses parents également. Mais en entendant plus longuement ces basses, je me suis douté qu'il ne s'agissait pas de lui, la musique étant trop agressive pour être son style d'ambiance. Soudain, j'eus une révélation, il y avait une free-party dans le village bien sûr ! C'était ça et rien d'autre, une teuf ! Après quelques instants de réflexion, mesurant le sérieux de mon idée ; les rejoindre, je me suis mis en tête de partir voir de quoi il s'agissait. Alors, j'ai naturellement accepté de passer par une piste forestière avec un VTT de la maison. Connaissant la commune d'Aïssey comme ma poche, je choppais le vélo, et partais en pleine forêt pour rejoindre l'origine de ces basses fréquences. Je ne voulais pas passer par la route normale, car j'étais persuadé que nos amis de la Gendarmerie se trouveraient là. Alors plutôt que de rentrer dans un débat politique à une heure tardive, au sujet des drogues et de l'alcool, court-circuiter ce frein à la liberté était un gage de responsabilité pour moi. Je devais traverser le bois sans encombre, et c'est ce que je fis. Il y avait bien une free-party ! Enthousiaste, je me pointais à vélo, en pleine forêt, équipé contre le froid de cette nuit d'été avec des chaussures de travail agricole. Et une fois sur place, je découvre carrément rien de moins qu'un chapiteau des Spiral Tribes ! Là, toute la communauté locale revendiquant une évolution politique nécessaire était présente, Madma, Feet, Jean Michel, Roby, pour ne citer qu'eux. Célébrer ensemble le fait de ne rien avoir de spécial à fêter ! Ça c'est bon pour les discothèques où règne l'hypocrisie de l'alcool et de la coke pour les plus friqués. Là nous étions sérieusement en train de nous amuser avec cette musique folle de DJ post apocalyptique, comme si la fin du monde était en train de se vivre sous nos yeux tant ces rythmes mécaniques représentaient l'absurdité de nos situations respectives. Et dans cette rave party, sur la propriété Darbon, qui toléraient tout ce barnum, je rencontrais un type qui lui, prétendait me connaître et me remerciait pour l'organisation ! C'était mal me connaître, je n'étais absolument pour rien à cette affaire, mais je passais un bon moment avec les femmes et les hommes présents, sous la lune d'été. Certes, j'ai bu de l'alcool et fumé un peu de marijuana, mais après tout, ces musiques de transe sont destinées à explorer votre subconscient personnel non ? Lorsque je suis rentré à l'aube, vers 6 h 00 du matin, je me suis mis directement au travail pour nettoyer l'écurie des veaux, et pailler. Quand je croisais mon père, il était très en colère de ma participation à cet événement. Mais il n'insista pas, car j'étais déjà au travail. Enfin, ma génération a toujours partagé le haschich avec mes amis dont les racines d'Afrique du Nord, justifieraient sa dépénalisation en signe d'intégration tangible, c'est rentré dans les mœurs dirais-je.

Juillet 2000

J'étais toujours en contact avec une bande de potes qui créchaient en plein centre-ville de Besançon. C'était dans le jargon, le 16 PDM, soit le 16, place du marché. Il s'agissait d'un immense appartement loué en communauté par quatre lascars légèrement plus jeunes que moi, puisque je travaillais déjà. Il y avait Sébastien Courbet, Pierre Descène, Arnaud Kreuter et Nicolas Dornier. Les trois mousquetaires et d'Artagnan en somme. Un joyeux bordel. L'appartement était équipé d'un salon avec un line-up de DJ, ce qui permettait de jouer de la musique en permanence, les Technics raisonnaient de mix audacieux. J'avais d'ailleurs branché Seb et Pierre pour musicaliser un bar de Morteau durant l'hiver, ou ils avaient véritablement foutu le feu. Il faut dire qu'à cette époque, l'insouciance était une valeur sûre. Et les doutes sur l'avenir ne nous touchaient pas. Je me souviens avoir passé une nuit d'amour avec Anne, qui gravitait autour de ce collectif comme beaucoup d'autres personnes dans Besançon, tout comme

Julien, qui nous avaient conduits à Cran-Montana en plein hiver dans un chalet absolument perdu au beau milieu de la montagne. Julien qui depuis est devenu le responsable du bar de la salle de musiques actuelles, la Rodia de Besançon. Le plus fou de la bande était sans doute aussi le plus créatif et talentueux, Nicolas Dornier, (Kod) dessinait à merveille, des représentations picturales exceptionnelles. Pierre jouait de la musique jungle, Seb de la house, et Arnaud chaussait son snowboard dans le salon pour jibber sur le canapé ou le tapis du parquet. Les bouteilles de bière vides s'accumulaient et les cigarettes qui font rirent se consumaient. Comme l'appartement était situé en plein centre-ville, je passais à roller pour les retrouver régulièrement. Nicolas lui, faisait un peu de skate, mais jamais nous n'avons pratiqué ensemble. À l'époque une seule mini rampe était installée sur Chamars et une pseudo confrontation entre les rollers et skateurs subsistait. Je me souviens être là-bas, au 16 place du marché, lorsque le Concorde s'est craché sur Garges-lès-Gonesse, voyant les images à la télévision. C'était un choc pour moi de réaliser que nous étions fragiles et que les accidents survenaient. Pourtant lorsque je dormais chez eux, je prenais mes rollers pour profiter, déjà à l'époque, de la ville la nuit, et sillonner sur le bitume de toute ma fougue de jeune professionnel. En tout, depuis cette période je ne sais pas combien de kilomètres j'ai pu avaler à roller, mais je pense en estimant à minima, être à plus de 15 000 bornes avec toutes ces années. Bref, ce squat de teufeurs était un camp de base incontournable pour les noctambules Bisontins. Ce fut une période fameuse, ou nous vivions encore une fois avec un hédonisme cruel, ou aveugle pour ma part. Toutefois, le partage, l'amitié, l'amour étaient des valeurs qui animaient nos relations, je crois.

Mai 2007

Je pratiquais la freebord depuis maintenant 2 ans. Comme mon père n'avait pas voulu me laisser m'installer sur la ferme familiale, j'avais tout le loisir de pratiquer ma planche de skate entre quelques petits boulots, sur la ferme ou ailleurs. Et j'avais acquis suffisamment d'aisance pour me risquer à un pari un peu fou. Les soirs de pleine lune en pleine campagne étaient tous particulièrement lumineux. J'étais assez attiré par ces nuits claires, et la route où je pratiquais la journée passant juste devant la maison, je savais très bien que durant la nuit la circulation retombait quasiment à zéro, avec de longues périodes sans aucune voiture, tout juste un poids lourd en transit qui déchirait de bruit la campagne à des kilomètres à la ronde. Alors je me suis risqué un beau soir, à empoigner ma planche pour partir sur la côte de Passavant afin de glisser encore et toujours pour mon plus grand plaisir. À vrai dire, je n'ai jamais pratiqué le skate pour appartenir à une caste un groupe ou une bande de mecs sympas. C'est uniquement pour mon plaisir personnel et grâce à ma nature aventurière que je prenais cette planche avec moi, histoire de comprendre encore et toujours la technique de glisse la plus sûre et la plus parfaite possible. Il faut dire qu'en ayant grandi dans une ferme à l'ancienne, je n'avais pas peur de grand-chose. Attention, je n'ai jamais été un casse-cou non plus, la chasse à l'adrénaline n'était pas un motif de session. Ma planche était un vrai moyen d'explorer mon environnement et mes sensations. J'avais entièrement couvert la déco bleue assez moche, par des autocollants divers, dont un de Couleur3, la radio Suisse romande. Cela créait un patchwork duquel je disais qu'il représentait la complexité du monde. Alors dans la cave je prenais avec moi ma freebord alpha, pour remonter la côte sans lumière, uniquement éclairé par la pleine lune comme le faisaient ces surfeurs à Hawaï ou les skieurs de la Clusaz. Où il y a encore plus longtemps, comme le faisaient les hommes avant le siècle des lumières. Et immédiatement, je me drapais de douceur, attentif à ne pas faire de bruit à chacun de mes pas. Cherchant à ne pas réveiller les voisins, cherchant à ne pas me faire remarquer, je longeais la ferme de Daniel, mon père, avec ce sentiment d'amertume inévitable pour sortir complètement du village et atteindre la luminosité orbitale de notre satellite. Loin des becs de rue illuminant d'Aïssey, je prenais alors un plaisir insondable à glisser librement sous l'astre lunaire pendant de longues minutes, entre minuit et 4 heures du matin. Bien évidemment, lorsqu'une voiture traversait la campagne, je me dissimulais parfois derrière le tronc d'un orme séculaire en bordure de route. J'avais le temps de voir arriver la voiture de loin, ce qui me permettait de garder la discrétion nécessaire à mon brin de folie personnel. Sous le ciel étoilé, brillant de mille feux, les avions de ligne s'échangeaient des points clignotants avec les constellations distantes de plusieurs années-lumière, des milliards de kilomètres, indicible espace où ma présence humaine relevait d'un tour d'audace simple et banale. Le grisâtre des champs se mêlait à celui de la route et les lignes discontinues de marquage routier redonnaient un repère à mon slalom. Je m'entraînais même à faire des « take-off », c'est-à-dire charger la planche en partant allongé dessus et se lever d'un bond, me remémorant l'océan. Je garde un souvenir à part de ces nuits étoilées, ou d'un simple pas de côté, ma démarche explorait quelque chose qui avait disparu depuis le siècle des Lumières, où la société s'était mise à tout éclairer. Je retrouvais l'intimité de l'astre lunaire et sa blancheur bienveillante comme nul autre.

Juin 2008

Dans ma vie, comme pour ma famille, la musique a toujours eu une place importante, mais pour ma part, on me reproche parfois un caractère presque autiste dans ma relation à cet art sonique. J'étais parti pour surfer à Biarritz, et j'avais loué une chambre dans un petit hôtel coquet donnant sur le port vieux. L'accueil était modeste, mais le lieu privilégié. En sortant de la réception, l'océan s'ouvrait devant moi avec le rocher de la Vierge en perspective et le port Vieux. Biarritz a toujours été une ville festive, un peu comme Besançon, la vie nocturne tient une place de choix dans sa cité. J'avais tenté de prendre quelques vagues sur la côte des Basques bien évidemment, derrière la villa Belza. Le pic était très fréquenté. J'étais plutôt à l'aise dans les vagues, il faut dire que la houle n'était pas très puissante. Mon choix de planche était cornélien. Longue planche ou short board ? Longboard ou planche courte ? Cette hésitation en disait long sur mon expérience restant encore à forger durablement. C'est ce que je voulais faire avec cette session de surf, et malheureusement, la surpopulation du spot n'aidait pas vraiment à prendre les meilleures vagues. Qu'à cela ne tienne, je vendais chèrement mon énergie dans un dessin aquatique changeant sans cesse, pour me positionner au plus prompt à charger mon surf sur le volume d'eau gonflant à intervalles réguliers. Après avoir traqué une longue série de déferlantes, je finissais ma session pour rejoindre l'hôtel satisfait des vagues saisies. Seulement, dans mes bagages, j'avais avec moi une valise de Compact Discs et mon casque de Disc-Jockey. Et après un repas frugal pris dans ma chambre d'hôtel, j'avais prévu de faire irruption au bar du port-vieux, cette enclave magnifique et select, dotée de sa plage privée. Et c'est ce que je mis en œuvre, débarquant dans les lieux avec ma valisette de DJ. À l'époque, je mixais régulièrement, pour le plaisir, sans demander d'argent, en dilettante, sans doute absorbé par mon goût du partage musical. Je ne me proclamais pas DJ, je proposais ma sélection discographique. Et d'autant plus que dans ma liste de disques, j'avais des échantillons taillés sur mesure à partir de choix pointus, préparés avec Soundforge, que je diffusais entre les morceaux à la manière de Gilles Peterson, ma grande influence musicologique. Et à l'entrée du bar, je m'annonçais comme DJ surprise, avec une poignée de main franche et droite, en proposant de jouer mon set, au cas où aucun autre Dj ne serait présent. Un, deux interlocuteurs, le bar allait se remplir ce jeudi soir. Avis du patron, OK ! J'ai saisi les platines, pris mes repères, et j'ai méthodiquement travaillé l'ambiance en positionnant ma sélection dans un travail recherchant une forme d'escalade effervescente, de la musique classique de film à la techno hard-core, en passant par le ragga, le jazz, la pop, l'électro, que sais-je encore... Et c'est avec un grand étonnement que les gens, la clientèle présente, vint vers moi de temps à autre, pour me féliciter des musiques proposées. Nous passions tous un excellent moment. Il n'y avait pas d'ambianceur de prévu ce soir-là, et tout le monde était satisfait de la tournure de la soirée. J'avais marqué mon coup d'une réussite. Malheureusement, comme bon nombre de noctambules frappés d'amnésie chronique, n'ayant gardé aucun contact avec les personnes présentes ce soir-là, certains lecteurs d'entre vous douteront justement de la véracité de ce fait.

Juin 2001

Il s'agissait d'une étape de la coupe d'Europe de descente en inlineroller, le Grossglockner. Sa route est un passage montagneux escarpé entre l'Italie et l'Autriche, qui culmine à près de 2400 mètres d'altitude. C'est sur le versant autrichien que la compétition prenait place. Il y avait eu une tergiversation des organisateurs pour savoir sur quelle partie de la route serait organisée l'épreuve chronométrée, et finalement, la partie sommitale du col fut délaissée pour une partie assez rapide chargée d'épingles, plus bas dans le tracé. La journée de compétition s'était parfaitement déroulée, ou je réalisais un temps me plaçant à la vingtième place du général, sur un groupe total d'environ 35 participants. C'est à la fin de la journée que Luc Lenoir et Christian Bond me demandèrent de participer à la dépose au sommet du col pour le free-ride d'une meute d'environ quinze rideurs avides de vitesse, hors compétition. J'ai donc pris le volant de ma voiture pour remonter Christian et Luc au sommet du col. Les Galiazzos, Oscar et Stephano, Gaby Leuenberger et quelques autres étaient aussi de la partie. Tout le monde s'est retrouvé sur le parking du col, et la descente commença. Naturellement, je descendais en voiture avec le groupe et c'est en revenant sur le peloton de tête que je réalisais toute la dextérité des champions Oscar, Luc et Stephano. En effet, j'avais toutes les peines du monde à suivre leur rythme ! Ils descendaient la route à un tempo effréné, dans une joute inutile, façon border cross à couteaux tirés. Il me fallut rouler à bord de ma voiture à plus de 100 km/h pour parvenir à les suivre, dans une descente de col de montagne, c'est assez risqué. Heureusement, la route était quasi déserte, si bien que personne ne vint en face de la meute. La compétition pour l'honneur d'une comparaison amicale se déroulait là, et les glissades au freinage de ces trois pistoléros se tiraient une bourre vertigineuse. J'avais un mal fou à maintenir le rythme de cette descente de barbares. Avant d'être de retour à l'hôtel, Luc avait finalement gagné la partie, d'une main de maître dans un Mano à Mano éblouissant. Je comprenais alors pourquoi j'étais logiquement relégué à des places d'honneur dans la compétition. Le soir, il y avait la fête d'après course qui se déroulait à Fusch. Nous nous sommes retrouvés au restaurant, puis dans un club. Il y avait un bon nombre des compétiteurs présents, et pas mal de monde dans cette soirée dédiée au rollerinline. L'euphorie était générale, et l'insouciance puissante planait d'une manière qui ne serait plus possible de vivre aujourd'hui. À l'époque, Internet était à ces débuts et tout restait à inventer. Le réchauffement climatique s'apparentait à une vague menace floue dont très peu de monde avait la crainte, car les hivers demeuraient à peu près rudes, ou du moins normaux. Et la soirée nous emmena loin dans la nuit pour enflammer le dancefloor, tous survoltés après la dose de sensations que nous avions accumulées dans cette folle journée chrono. C'était un moyen de relâcher la pression. En tout, j'ai pu participer à 6 épreuves du circuit professionnel, dont une coupe du monde à Belluno. Je n'étais pas ridicule, et je suivais les conseils de mon Jean-Claude Alibert, en opérant des reconnaissances de la piste pour parvenir à me sentir « chez moi » sur un parcours que je ne connaissais pas le moins du monde. C'était un truc de rallyeman, et cela m'a aidé à me hisser à des places d'honneur dont personne dans ma région n'a eu l'équivalence. Une question d'audace je suppose et j'en avais une sacrée dose pour me sentir aussi à l'aise avec mes patins alors que, même encore aujourd'hui, le grand public a la frousse à l'idée de patiner, ce qui m'étonnera toujours.

Juin 1988

Les skates avaient débarqué dans la vie mon frangin et moi. Nous étions au collège, et justement la voirie avait été totalement rénovée dans le village avec un goudron entièrement neuf équipé de trottoirs parfait pour rouler en skateboard. C'était du billard ! Et c'est ce que nous avons fait. Notre mère, qui cédait absolument tous nos caprices avait acheté ces deux skates au supermarché du coin. Et quelque chose de tendance nous attirait mon frère et moi dans l'usage de ces objets dont nous ne savions pas vraiment quel était le potentiel ou le mode d'emploi. Et c'est logiquement dans la rue pentue du village que nous nous élancions en duo, pour descendre à une vitesse plutôt lente ou timide, mais debout sur la planche. Il faut dire qu'ayant grandis dans une ferme familiale, nous avons, et moi en particulier, toujours eu ce goût de l'aventure, partant en pleine campagne pour rattraper des génisses évadées, conduisant les petits tracteurs dans les champs de notre grand-père, rangeant les bottes de foin dans le court de la grange ; les activités au grand air ne manquaient pas, ainsi que les travaux pratiques. La ferme de notre père était à taille humaine, si bien que nous pouvions grandir et jouer sur ce terrain intime personnel, pourtant dédié au travail. C'est sans doute ce qui m'a dérouté, la limite entre le jeu et le travail. Autant lorsque mon père était là, je suivais ces directives pour accomplir les missions de la ferme, autant lorsqu'il avait le dos tourné, je sautais partout, dans le foin, la paille, marchais sur les poutres comme un funambule, je tentais de chevaucher les vaches les plus calmes, et faisais inévitablement le con avec les tracteurs, au point d'avoir des problèmes et d'engendrer parfois de la casse sur le matériel. En somme, je menais une vie intrépide, ou écervelé où pas grand-chose ne m'offrait de limite, si ce n'est les miennes. C'était une période innocente et véritablement bénie. Mais lorsque nous faisions la course mon frère et moi, j'avais parfois ce tempérament autistique malheureux, de provoquer la chute de mon petit frère. C'est ce que je fis une fois un bel après-midi d'été, sous le regard de Bernard Lagarde, le restaurateur du village. Nous descendions la grande rue, dans un Mano à Mano serré, et lorsque je vis matérialiser une ligne d'arrivée fictive, je lançais mon skate dans celui de mon frère, provoquant ainsi sa chute malencontreuse et le blessant malgré moi. Durant notre enfance, nous avons eu cette tendance à l'affrontement, à cause de mon caractère d'enfant gâté, d'aîné, encore une fois. Aujourd'hui bien entendu je comprends pourquoi j'agissais de cette manière, agressive envers mon frère. Ce jour-là, Bernard qui avait vu la scène répéta ce geste à mes parents. Et je fus naturellement grondé mais pas assez puni par ma mère, sans grand effet à l'époque. Car les jours passaient déjà à un rythme effréné, entre le collège, la ferme, les copains et les copines, nous avions toujours quelque chose à faire, nous ne connaissions pas l'ennui. C'était une époque heureuse vraiment, ou l'avenir n'avait aucune pression sur nous, grandissant dans un cocon de bonheur absolu. C'est vraiment sur la ferme que le goût de la liberté s'est inscrit chez moi, avec cette chance de devenir adulte comme l'aîné de la famille, essuyant les plâtres et expérimentant, mon avenir à l'époque était tout trouvé, j'allais reprendre l'exploitation familiale, cela ne faisait aucun doute, ni pour moi ni pour mes proches. Tellement persuadé de tout cela que finalement le destin en décida autrement. Et puis la place de la glisse, des sports extrêmes dans mon désir d'accomplissement fût le plus récurent loisir que j'ai eu, même amateur.

Août 2004

C'est toujours en jonglant avec le boulot sur cette ferme de mon Padré et des contrats intérims que je me dégotais un job de barman au Al Capone de Valdahon. Le bar était la propriété d'Ayan Kardes, et la communauté turque avait ses habitudes là-bas, entre autres clients évidemment. À l'époque j'avais fait la descente de Métabief en roller tout terrain, les Coyotes de Rollerblade, accompagné par Fabien et son mountain board de kite terrestre. Mais il y avait à Valdahon, comme dans beaucoup de villes, une mini rampe, quasiment jamais usitée, où j'allais pratiquer de temps en temps. Toutefois, seul à aller sur ses courbes, il était difficile de progresser. C'est au bar où les choses se sont déroulées encore d'une manière presque mortelle. Umut, un Turc de première génération bossait comme mécanicien poids lourd dans un garage de la région. Et le premier week-end au bar où j'effectuais la fermeture, j'ai eu affaire à lui. Le gars se croyait un peu chez lui, et les serveuses qui bossaient avec moi ne savaient pas comment le gérer après une dose d'alcool déjà copieuse. C'est au moment de la fermeture qu'il me fallut me frotter à lui, car le lascar ne voulait pas quitter le comptoir, et le ton montait entre tous ! Clé de bras, assez facilement d'ailleurs, comme un souvenir de mes années dans la police, vu que le gars était imbibé d'alcool, et je le foutais dehors proprement, à plus de 02h00 du matin il était temps. J'avais dû me faire respecter, rien d'autre. C'est au fil des semaines que les relations se sont établies davantage dans le respect. Je lui répétais souvent « va sur la mini rampe, défoule-toi avec des rollers ou un skateboard ! » C'était même devenu un leitmotiv chaque jour où il venait s'alcooliser au comptoir de l'Al Capone. Mais comme je suis un garçon diplomate, ou naïf, nos relations s'étaient assainies au fil du temps, apprenant à nous respecter l'un et l'autre. Jusqu'au jour où il dépassa les bornes. Après le service au bar, nous partions en discothèque évidemment, pour continuer une fête où nous n'avions rien de spécial à honorer mis à part la fin de semaine. C'est au Monté Christo II la discothèque proche de Morteau, que les choses ont dérapé. Nous nous sommes retrouvés dans la boîte, ou l'ambiance était à la picole et la danse, le tout dans le climat de frustration d'une musique trop forte, comme d'habitude en club ou il demeure impossible de discuter. Umut a continué de picoler, tandis que je tournais au Coca, car il me laissait conduire sa voiture, vu que nous étions partis ensemble du bar. C'est en repartant qu'il pète un plomb et sur le siège passager de son Audi A3, me sors un couteau dans un coup de sang furieux et fait mine de me planter ! Il voulait que nous repartions vers une autre boîte. Je voulais rentrer. Et franchement, le sang chaud de ce jeune Turc a réussi à me foutre une sale frousse. L'ambiance dans l'Audi, je ne vous raconte même pas. Le tocard était à deux doigts de me planter au surin. Il me fallut faire preuve de sang-froid et d'autorité pour rejoindre ma bagnole et rentre chez moi, avant de démissionner du bar, laissant les Turcs régler leurs problèmes entre eux, car Ayan avait aussi des soucis avec Umut pour son comportement ingérable et les ardoises salées laissées au comptoir, tout cela était un sacré sac de nœuds et je dois avouer clairement qu'Umut bourré avait bien failli me planter sa lame dans le bide au niveau du foie.

Juin 2009

L'été s'annonçait encore doux et suave, quand je sortais d'une formation de plusieurs mois au BNSSA, le brevet national de secours et sauvetage aquatique à la piscine Mallarmé de Besançon. J'avais échoué à l'examen, malgré un comportement exemplaire au regard des attitudes indispensables à l'action de secours. Et comme mon père et moi n'étions pas sur la même longueur d'onde, je choisissais de partir surfer au Royaume du Maroc. Fidèle à ma Xantia, j'équipais mon coffre de mon sac de surf, ma néoprène et bien sûr mes rollers FSK pour pouvoir rouler là-bas. Je me suis mis en route tout en étant déclaré au chômage en France, en emportant des bières avec moi, car après tout si les Marocains nous gratifient de leur haschich, pourquoi pas apporter là-bas de quoi trinquer ? J'ai donc traversé l'Espagne par la côte méditerranéenne, Barcelone, Murcia, Alicante... Le ferry me transporta jusqu'à Tanger, ou je trouvais important de l'acclimater un minimum, avant de partir longer les côtes à la recherche des vagues surfable. Tanger reste une porte sur l'Afrique, l'immense continent qu'il représente. Après le passage de la douane du port de Tanger, je restais donc plusieurs jours dans cette ville, zone de rencontre et de croisement, de transit, aux influences occidentales mêlées de traditionalisme arabe. Naturellement, les Marocains sont venus à moi et m'ont accueilli avec respect, lorsque je leur expliquais humblement le dessin de mon voyage. L'un d'eux me fit découvrir les quartiers les plus profonds et sombres de Tanger, là où les Européens sont absents, plutôt mal venus. Mais je suis passé crème, comme une lettre à la poste, car cherchant à m'acclimater, je donnais toujours quelques mots d'arabe, pour montrer des signes d'intégration, m'ouvrant à l'Islam. J'ai aussitôt découvert le goudron marocain, dont la surface relève d'un touché très propice à la glisse en roller. La chaleur de l'été donnait à sa texture un caractère glissant parfait pour mes roues de roller. Et comme Tanger est en pente, j'ai pu faire quelques sessions de descente là-bas. Toutefois, en partant chercher les vagues sur les conseils des locaux rencontrés là, bien peu connaissaient Agadir, pourtant réputé pour ses vagues magnifiques, ou encore Tougazout. Je me suis alors retrouvé sur des plages de beach break, car la côte Marocaine est essentiellement une interminable lagune sur le côté Atlantique. Comme je n'avais pas de planche avec moi, je devais trouver le matériel sur place, aussi, sans surf, je tentais souvent le body surf, dans des rouleaux sympathique, mais plutôt court. Et après ces quelques jours sur Tanger, je me suis enfoncé dans le pays, où je découvrais encore mieux une population à la culture radicalement différente de la mienne. Toutefois, un début d'émeute dans Tanger, une ratonnade sur l'autoroute, des migrants en perdition, les agriculteurs locaux en souffrance, j'avais droit à tous les maux du Royaume marocain, tout comme il m'offrait aussi tout ce qu'il avait à partager. J'ai même partagé une bière avec un des fils de Bob Marley... Sa ressemblance était frappante. J'étais là-bas lorsque le monde apprit la mort de Michael Jackson. Mes bières servirent à marquer le deuil d'une star planétaire. Quant au surf, j'ai roulé jusqu'à Essaouira, où lors de mon arrivée, la houle s'était assoupie, je croisais les camping-cars des teams internationaux repartant vers le nord. Alors il me fallait faire un choix, trouver du travail ? Rentrer en France ? Rejoindre Agadir à moins de deux heures de voiture ? Le dilemme est cornélien lorsque vous êtes à l'aventure, seul dans un pays étranger, s'en est dangereux tant il reste possible de s'oublier. J'avais pu malgré tout, trouver des surfeurs locaux à Oualidia, entre Safi et El Djadida. Je garde du Maroc une grande humilité envers la vie, car lorsque j'employais mes forces à rouler en patin, ou cherchant des vagues sur les plages, les Marocains eux, cherchaient à bouffer, en pêchant, ou cultivant. Mon origine française au milieu des habitants me donnait à avoir honte de la jouissance occidentale dont je pouvais bénéficier, alors que le peuple lui, restait dans la souffrance véritable. Là où les Porsches Cayenne cotoyaient les mulets amaigris.

Avril 1999

Ce fut l'achat de mes Rollerblades avec le système d'accroche de platine amovible qui bouscula mon quotidien et mon destin. Âgé de

24 ans, j'avais quitté mon job de technicien en industrie laitière pour chopper un poste d'assistant qualité chez IFF à Dijon Longvic où j'avais palpé un salaire de 9500 francs... à l'époque j'avais le statut cadre, et mon salaire était excellent dans la multinationale du parfum et des arômes. Bref, je suivais le cursus de ma filière universitaire. Mais comme je vivais dans Dijon, l'acquisition de ces rollers apparut comme une évidence, seulement lors du choix d'achat, connaissant Paris, je me disais que des rollers avec la platine amovible me seraient bien plus utiles que des rollers en ligne moins polyvalents. Et ce fut rapidement un choc de plaisir insatiable. D'abord sur les allées du Parc, je développais mes rudiments pour acquérir une maîtrise nécessaire au plaisir, et ce fut rapide ! Pas de casque, pas de coach, pas de blabla, rien que la pratique à l'époque et l'envie furieuse de progresser, je sentais bien en voyant les autres pratiquants qu'un truc énorme se cachait dans cet outil de déplacement tout nouveau pour moi. Et cette intuition s'avéra terriblement exacte. Une fois chaussé, avec l'essentiel des protections, des protège-poignets à minimum, je commençais à rouler des longues minutes, car en plus, du matériel neuf et d'excellente qualité facilite grandement les choses. Très vite, les allées du Parc, laissèrent place aux rues du centre-ville, puis toute la ville entière. Et le dernier détail qui décomplexa totalement ma vision du roller urbain, fut l'élan populaire qui nous avait réunis tous autour des sorties autogérées du vendredi soir. Nous nous donnions le mot, entre patineurs rencontrés au fil de la semaine, pour les plus voraces de bitume, dont je faisais partie évidemment, d'un rendez-vous donné place Darcy, le vendredi soir à 21 h 00. Afin d'écumer les boulevards et les rues de la ville en groupe autonome, s'insérant seul dans la circulation avec quelques loupiottes pour signaler d'un grand merci aux automobilistes qui nous laissaient passer. La ville nous appartenait. Le groupe était d'environ 30 personnes. Hélas, je n'ai pas gardé de contact avec les pratiquants de l'époque, mais je garde un souvenir mémorable de ces mois passés dans Dijon où mon job de qualiticien passa à la trappe au profit de ce sport véritablement métamorphosé en art de vivre nouveau. Et lorsque la nouveauté vous

étreint à l'âge de 24 ans, quand on ne connaît rien de la vie, elle fait presque encore partie des choses innées qui constituent votre personnalité. C'était véritablement prodigieux. Je passais des nuits entières à rouler dans le vieux Dijon, planant, surfant littéralement sur le bitume pour user mes patins et calmer ma fougue de jeune homme. C'était proprement dit une drogue à l'époque. Réellement addict, je ne pouvais plus m'en passer. Jusqu'à la bigorexie, carrément. Toutefois, j'ai perdu mon job d'assistant qualité, car mon comportement n'offrait pas toutes les assurances nécessaires à une certification ISO 9001 pour ma patronne. Mais j'ai gardé les rollers, qui m'ont accompagné pendant plus de vingt ans, sur un grand nombre de villes d'Europe...

Novembre 2011

La réputation de la vague de la Malate n'était plus à faire, je savais qu'en cas de crue sur le Doubs, une vague statique se formait et offrait un terrain de jeu terriblement relevé pour les surfeurs d'eau douce. J'étais prêt à me mouiller ce jour de novembre, fort de mon expérience de BNSSA, je comptais bien tenter ma chance sur cette fausse déferlante au tumulte de tempête. Il faut dire que lorsque le Doubs gonfle sur ces barrages, destinés à la navigation fluviale, certains d'entre eux dessinent une onde propice au surf, ce qui était le cas sur le barrage de la Malate, avant la construction de la passe à poissons. Alors j'ai saisi mon équipement, et conduit jusqu'au site. Surprise sur place, je retrouvais une foule de Néerlandais, des Français bien sûr, des Suisses et des Espagnols qui venaient là spécialement pour ce relief liquide. J'étais assez étonné de trouver cette population de free-rideurs sur un spot local, mais j'allais prendre mon tour et me mettre à l'eau. Combattre le froid tout d'abord, ma néoprène était plutôt fine, une deux millimètres, parfaite pour l'eau Atlantique, mais trop mince pour une eau verdâtre chargée et opaque de rivière ou petit fleuve. Alors j'ai doublé celle-ci d'un vêtement technique, afin de ne pas trop ressentir la froideur de l'eau qui devait être autour de 8° Celsius maximum. Cela allait être un sacré bain d'eau douce. Comme je n'avais pas de planche, je m'aventurais en vaillant nageur, prêt à descendre le courant, car de toute manière, chaque surfeur prend un bouillon lorsqu'il quitte la vague, ce qui est toujours le cas en chutant du surf. J'étais toutefois très curieux de comprendre comment les surfeurs allaient capturer l'onde : Par le haut ? Trop de vitesse, le courant empêche de rester sur la vague, par le bas, impossible de remonter le remous dingo, il ne restait qu'une solution, les latéraux, où la forme de léger arc de cercle du barrage donnait un interstice de calme dans le tumulte hydraulique. C'est par cette petite ouverture de calme relatif des eaux du Doubs que les surfeurs, à la rame, allaient un à un s'engager dans la courbe d'eau accélérée par la descente du barrage. Le ballet était assez spectaculaire à voir. Il faut dire qu'ensuite, les surfeurs prisonniers du barrage n'avaient pas d'autre choix que se laisser porter par la puissance des remous pour rejoindre la rive environ 150 mètres plus en aval de la rivière, et accrocher la rive pour rejoindre la terre ferme par un passage boueux et escarpé. Autant dire que cette session de surf statique s'avérait extrême. Malheureusement, je n'ai pas pu trouver une planche de surf sur place, doué de malchance. Alors équipé et pourtant solidement motivé, je choisissais de nager dans le courant, en descendant le barrage et traverser le tumulte comme les surfeurs le faisaient, mais sans planche. Ne pas lutter contre le courant, c'était fondamental. C'est alors qu'en discutant de ce projet avec l'un des surfeurs présents, un Mâconnais dont j'ai oublié le nom, le gars me proposa un gilet de sauvetage. Ce que j'acceptais évidemment, à la vue de la consistance du courant que j'allais affronter. Et je me suis lancé délicatement sous le pont du barrage, en amont de la vague, pour nager dans l'eau froide de novembre. Rapidement aspiré par le courant, il n'a fallu qu'une seconde pour franchir le débit d'eau de la vague, et enchaîner avec le tumulte de son écume de rivière. Je n'ai pas eu froid véritablement, et pour rejoindre la rive, je choisissais de bifurquer sur la partie gauche de la rivière pour atteindre l'écluse des voies navigables de France. En remontant sur les berges, les spectateurs présents me gratifiaient d'une volée de compliments au regard de ma bravoure. Je n'avais de toute façon rien d'autre à faire que de suivre le courant, qui ne laisse pas le choix, comme les surfeurs qui inéluctablement tombent à l'eau. Je n'ai eu qu'un seul problème ce jour-là en rentrant, une grippe intestinale de furieux, à l'image de cette eau lourde et douce d'une rivière en colère, même si je n'avais pas bu la tasse.

Septembre 2014

C'est grâce à mon ami Romain que nous avions choisi d'immortaliser en vidéo ma planche de freeboard dans la pente d'accès à la citadelle de Besançon. J'allais régulièrement sur ce tracé, et ma pratique était un rêve sur un spot très relevé de la ville. Il n'y avait que le passage du transformateur électrique qui m'échappait, trop technique sur un tronçon de seulement 20 mètres. Avec Romain, nous avions segmenté l'ensemble de la descente, et passage par passage, il me filmait depuis son skate en tenant la caméra grand angle et en freinant au pied ; un pied sur la planche, un pied au sol. Avec un départ depuis le front St Étienne, jusqu'à la place Victor Hugo de l'arrivée, cela ne s'invente pas. Avec en bonus, le passage sous la porte noire, datant de l'antiquité, les colonnes Greco Romaine d'un ancien théâtre, le rectorat de Franche-Comté, la cathédrale St Jean et son parvis, et un monument aux morts de la guerre de 1939-1945, quelques hôtels particuliers... Un décor haut en couleur ! Lors du shooting de la vidéo, il ne s'est rien passé d'exceptionnel, nous filmions, segment par segment, pour reconstituer au montage la descente dans son intégralité. Je connaissais par cœur cette route, ses bosses, ses fissures, ses ornières, ses plaques d'égout, nids de poules, aucun détail de ses aspérités ne m'était étranger, je tiens à ma vie tout de même. Non, je ne suis jamais allé en tête brûlée pratiquer cette planche de skate, même si parfois, je déverrouille un peu l'allure pour absorber un peu plus de vitesse que d'habitude. C'est juste une attitude incisive dans l'appréhension de la descente. En gros, tout s'est parfaitement passé, nous avons pu mettre dans la boîte l'ensemble du tracé sans encombre. Mais nous trichions un peu, car il restait ce fameux passage du transformateur créant un goulet d'étranglement ou freiner était quasi impossible. Ce n'est qu'une semaine plus tard, ou revenant sur les lieux, je choisissais de partir du sommet, au départ de la porte principale de la Citadelle, du rempart front St Étienne. Et je m'élançais dans la pente, en pleine forme physique, âgé de 39 ans. Sans aucune pression, comme d'habitude, tout était réuni là pour mon plaisir personnel, et au passage plaire à la gente féminine. Arrivé à l'épingle du haut de la rue des fusillés, j'engageais pleinement mon skateboard, pour onduler en slalom tranquillement le long de cette rue ô combien symbolique. Et grâce à ma préparation physique et mentale régulière, mon hygiène de vie en somme, je pouvais déjà arriver au monument aux morts de 39/45. Cela ne s'invente pas, je venais de descendre d'une traite, la rue la plus mortelle de Besançon dans un niveau de tranquillité rarement atteint, pour poser simplement un unique pied à terre, hors du grip de mon skate, le temps d'une respiration, comme un hommage au monument à qui je faisais face. Avant de reprendre le fil de la descente, je touchais un instant mon plaisir, pour m'engager dans le goulot d'étranglement de cette maudite rue du transformateur. Et sur l'ornière, je passais à l'aise pour choisir de tenter, sans aucune préméditation, sans aucune pression, tenter de traverser ce goulot d'étranglement du relais électrique Enedys, ou EDF à l'époque. Et ma planche me combla de rebond, la vitesse prise, la flexibilité de mon skate, renvoya une énergie palpable pour enregistrer une courbe suffisamment précise et fiable, je passais ! Non pas relax, mais transcendé je ne sais pour quelle raison, un cumul de bonnes sensations peut être, le confort de la journée, une facilité déconcertante. Mais je ne m'arrêtais pas là, finissant mon parcours par l'épingle de l'horloge astronomique, dont j'ai oublié de vous parler plus haut, le parvis de la cathédrale, puis la porte antique, et finalement l'arrivée sur la place Victor Hugo ! J'avais avalé l'ensemble, mieux que dans la vidéo que nous avions réalisée ensemble Romain et moi. Ce fut une très discrète performance, mais j'en garde un souvenir ému, tant ce passage ne se tente pas sans une préparation préalable. J'avais tout bonnement agrandi efficacement ma « zone de confort » pour franchir cette épreuve avec brio. Zone de confort qu'il faut nommer assurance, tout bonnement. Et le tout en jean-basket-tee-shirt, peinard !

Octobre 2019

Il est parfois des déplacements qui tournent au cauchemar. Cette fois-ci, j'allais tenter de trouver des vagues automnales dans le sud de l'Angleterre, à Brighton où j'avais réservé une chambre à l'hôtel Européen, situé tout proche du centre-ville et de la plage. Mais en route, après avoir traversé l'autoroute du nord de la France, j'attendais pour embarquer sur le ferry, préférant la navigation au tunnel sous la manche. Le navire prévu était le Pride of Canterbury, un imposant mastodonte des mers où j'engouffrais ma Citroën au milieu des camions et des autres automobiles pour remplir la cale. Une fois à bord, il était 21 h 00 environ, je remontais sur les différents ponts du ferry pour découvrir le bateau et, je cherchais rapidement le pont promenade pour profiter des derniers rayons du soleil, voir l'embarcation quitter le port de Boulogne-sur-Mer. Une fois à l'air libre, je fus estomaqué par la puissance du vent. Tout d'abord surpris par cette force plus que décoiffante, je ne tardais pas à rentrer me mettre à l'abri sous le regard avide de nicotine des fumeurs en manque de cigarette. Le vaisseau quitta le chenal, et dès cet instant, le roulis et le tangage prirent un rythme marqué, nous signifiant que nous avions atteint la haute mer. C'est en consultant la prévision météo sur mon Internet que je commençais à me questionner. Le bulletin prédisait une mer forte, à non navigable. Cela commençait à m'angoisser quelque peu. La durée de la traversée était rapide, en théorie, 45 minutes. Et le navire suivait sa route maritime sans doute équipé de ballast, pour stabiliser l'engin pesant quelques milliers de tonnes. L'engin en question, mis en service en 1991 dégageait une odeur surannée d'une nostalgie émue des croisières prévues durant sa conception. Croisières qui n'ont certainement jamais été armées par ces gestionnaires. Aussi, lorsque je commençais à avoir des difficultés à me tenir debout et marcher en ligne droite sur les ponts intérieurs, il devenait très angoissant de songer à l'arrivée à Douvres. Les accidents transmanche arrivent parfois, et connaissant l'âge du navire, mis en circulation en 1991, je me rapprochais des membres de l'équipage à proximité du duty-free. Visiblement, les personnes que je trouvais là n'étaient pas plus rassurées que moi, voire encore pires. Elles étaient inquiètes, stressées, et certains laissaient entendre que nous pouvions éventuellement nous abandonner à une prière de bon aloi. Rien de très réjouissant que d'imaginer prendre un bain en pleine mer, en pleine nuit, entre Calais et Douvres, au mois d'octobre. Cela devint même un sentiment de peur lorsque les bouteilles basculaient au sol, comme tout autre objet non arrimé. Je songeais au capitaine du navire, et j'imaginais bien qu'il n'avait aucune envie de couler son avec son rafiot, mais plutôt rentrer chez lui cette nuit et profiter d'un bon thé chaud les pieds sur le plancher des vaches. Comme je partais pour un trip de surf, j'imaginais même revêtir ma combinaison néoprène en cas de voie d'eau. Car la manche finissait par être fortement agitée. Et puis le gros esquif rempli sa mission sans faillir. C'est après ces intenses émotions de défilement de ma vie qu'une arrivée au port de Douvres et ces falaises célèbres, nous accueillirent à l'abri de la houle tempétueuse. Mais comme la navigation fut stoppée entre temps, il y avait un embouteillage à l'accostage qui prit près d'une heure. Lorsque je remis le contact de ma voiture, j'étais heureux d'avoir eu un bon coup de pression en haute mer, sain et sauf.

Août 2005

À l'époque, je vivais une relation amoureuse avec Anne, et nous avions choisi d'aller aux thermes d'Yverdon pour un moment de détente et de sortie. Naturellement, dans ce genre de promenade, j'emportais toujours avec moi cette sempiternelle paire de rollers, car la Suisse est véritablement le paradis du rollerskate, ses routes sont toutes d'une qualité irréprochable ! Sur notre route, depuis St Croix, son col, j'ai chaussé les rollers pour descendre les 12 kilomètres jusqu'à Vuiteboeuf, au pied du plateau jurassien. Il faut dire que j'ai pu pratiquer sur les routes de la frontière Suisse, depuis le col de la Faucille, jusqu'à ce col de St croix. Comme j'avais toujours une paire dans le coffre de ma voiture, il était logiquement assez facile de s'engager sur l'une de ces routes Jurassienne des balcons alpins, plongeant vers le canton de Vaud ou le Léman et sa plaine agricole. Donc en l'espace de quelques années, j'avais roulé sur le col de la Faucille, la route de St Cergues, et le col de St Croix qui me restait à pratiquer en 2005. Cependant, je garde un souvenir fiévreux de la route de La Chaud de Fond à Neuchâtel, dans le même massif, elle est particulièrement spectaculaire à engager, mais je n'ai jamais eu l'occasion de la pratiquer, comme lorsque j'allais en Suisse sur les autres routes citées plus haut. Parfois, je faisais du stop en bas du col pour rejoindre son sommet, et à l'aube des années 2000, les automobilistes complices ne craignaient jamais de nous charger et nous monter malgré nos rollers. Nous avions toujours ce tempérament de pionner qui défrichaient quelque chose, à nous élancer sur route ouverte sans vergogne, jouissant alors d'un terrain de jeux comme les cyclistes le fonds régulièrement. Je ne sais pas si l'on peut parler d'addiction, mais c'est vrai que j'ai eu durant toutes ces années une pratique intense de ces sports de glisse ; vous l'aurez compris au détriment de ma carrière évidemment. Toutefois, comme je bossais sur la ferme de mon père, entre autres contrats à durées déterminées, j'employais mon temps libre dans ces aventures valant un réel bol d'air. Oui, si ma passion pour ces disciplines était telle, c'est aussi, et sans doute parce que je n'ai jamais trouvé de place dans la société contemporaine apparaissant comme figée, cadenassée, et n'offrant aucune perspective enthousiasmante. Avec en parallèle le déploiement dans ces années des nouvelles technologies, l'arrivée d'Internet nous laissait rêver à des perspectives d'échanges illimités. En tout cas, j'étais persuadé que le monde changerait. Chose amusante, les changements furent réels, mais toujours dans un sens à structurer davantage la hiérarchie sociale, achevant mes désirs de nouveauté dans ce texte. Ce que je constate aujourd'hui en 2023, c'est qu'Internet a une sainte horreur du vide, tout le monde remplit frénétiquement ces espaces numériques, parfois sans véritable teneur ou contenu. C'est sans doute le signe d'une grande peur ou d'une crainte, celle d'un avenir plus terne où notre société occidentale serait déjà sur le déclin, enfin, pas pour tout le monde. Et pendant que je roulais sur les balcons Jurassien, j'ignorais tout des prouesses lausannoises, tournées elles vers le Valais. La géographie du monde est un paradigme à part entière, pourrais-je vous dire.

Septembre 1997

Après mon BTS à La Roche sur Foron, j'avais été séduit par une perspective de management qualité, cet enseignement dispensé à Vichy. J'avais eu beau ne faire que de la guitare durant l'année scolaire, et deux concerts, j'avais eu mon diplôme in extremis. Admis en licence d'animateur qualité, nous avions des semaines de différents modules, dont celui d'analyse transactionnelle et de programmation neurolinguistique. Notre intervenante, Jacqueline Vidal, avait préparé un exercice de cohésion du groupe. Elle nous demandait de réaliser quelque chose de : Beau, grand, solide, équipé uniquement de pailles plastiques pliables, et d'épingles. La salle de classe était disposée en théâtre, et nous nous regardions circonspects autour de cette mission exposée. J'étais à côté de mon camarade Sébastien Delors, nous avions rapidement sympathisé, quand j'eus une idée : Avec trois pailles, nous pouvions faire un triangle, et avec quatre triangles, nous pouvions réaliser une pyramide, qui assemblé à d'autres prismes, donnerait au final une sphère. Le tout tenu par les épingles. Mais cette idée devait séduire le groupe. Je devais convaincre mes camarades de la faisabilité de ce challenge. Alors j'ai attendu l'occasion de pouvoir prendre la parole, pour expliquer mon projet. Les autres étudiants m'ont écouté plus ou moins attentivement, mais je devais argumenter pour obtenir l'adhésion collective, sans quoi rien ne serait faisable.

J'ai donc décrit la taylorisation de l'affaire, en proposant à la classe de se diviser en plusieurs ateliers. Un pour les triangles, un pour les pyramides, et un pour la sphère. Madame Vidal restait en retrait, observant ma démarche avec un intérêt certain. Finalement, quelques-uns des étudiants présents commençaient à trouver l'idée accessible, et puis il ne s'agissait que d'un exercice pratique. De toute façon, la soirée d'intégration était passée et nous avions, moi en tout cas, une certaine gueule de bois. En bon étudiant qui se respecte, nous avions rejoint la soirée de bienvenue dans un des bars de la ville, et dans l'euphorie de la jeunesse, alcool, haschich avait été partagé dans la plus grande convivialité traditionnelle. L'élan de la jeunesse ne me donnait pas forcément un très grand sens de la réalité des études, et l'émulation de groupe n'était que celle des plus gros fêtards, les leaders d'opinion, les forts en gueule, les plus stylés, étaient le plus souvent le cœur de mes relations. Les bosseurs, les studieux ne m'attiraient pas dans leur relation. Avec une très mauvaise influence sur moi, naturellement, au détriment des filles les plus belles de la classe, qui étaient-elles, des élèves assidues. C'est peut-être ce qui sauva mes études. Car la classe se mit en action, valida le concept et tout le monde commença à suivre mon projet. Finalement, en 10 minutes, la sphère, d'environ cinquante centimètres de diamètre avait pris forme. La prof était très satisfaite de notre travail. Lorsque toutes les classes eurent droit au même exercice, nous avions trois sculptures à comparer. Évidemment, aucune fuite d'info n'avait eu le droit de filtrer pour que le test fonctionne. Et avec la sphère de ma promotion, c'est le cas de le dire, une sorte de girafe d'un mètre quatre-vingts avait été construite par une autre classe, très grande, mais trop fragile, toujours de paille et d'épingle, et l'autre objet avait une forme indescriptible, tant le groupe ne parvint pas à structurer une idée tangible. Pour madame Vidal, j'avais plié le jeu, gagné la partie. En plus, la sphère était très robuste et solide ! À la fin de l'année, j'ai finalement obtenu mon diplôme d'animateur qualité.

Juillet 2010

J'avais commencé à pratiquer régulièrement la descente de la Citadelle, débouchant sur le centre-ville, par la place Victor Hugo dans notre centre-ville de Besançon. La route était en état idéal, rénovée en 2005 et le spot offrait immuablement une poésie unique dans l'agglomération urbaine. Et c'est à deux pas que Thierry Amzal avait ouvert le Cube. Il s'agissait d'un bar de nuit, qui ouvrait à 16 h 30 ou j'avais tout naturellement sympathisé avec son patron, Thierry. Nous avions à peu près le même âge, et un certain sens de la fête. J'avais proposé à Thierry de prendre une résidence de DJ, le mercredi, ou chaque soir, j'étais ponctuel et à l'heure pour offrir un set d'ambiance allant dans toutes les directions musicales, afin d'offrir aux personnes présentes un moment spécial, au gré des conversations. Le lieu était lumineux, blanc de partout, et beaucoup de monde se retrouvait là pour se rencontrer, dans des soirées aux multiples couleurs. Ce fut pendant quelque temps mon repère habituel. Lorsque je ne mixais pas, je passais entre mes sessions de glisse, qui prenaient place juste à côté, sur la rue de la convention. Cela m'était utile, car je pouvais boire un verre, avant ou après ma partie de glisse urbaine, et utiliser les commodités pour me rafraichir, grâce à la bonté du patron. C'est pendant cette période que je m'attachais à écrire et recherchais désespérément un éditeur qui comprenne mon travail littéraire résolument moderne, car épris de cette liberté qu'est la glisse et le free-ride. Car après tout, je n'avais bénéficié que de circonstances favorables à ma pratique de ces sports d'action et de plein air. Alors, si le hasard et mon destin eut été si étroitement ouvert à ces disciplines, je n'avais plus qu'une seule chose à faire, m'attacher à travailler durement à cette entreprise. C'est ce que je décidais alors, avec ce goût musical exprimé chaque mercredi. Thierry était aussi un magicien, qui faisait des close-up à l'envie, personnellement, je l'ai vu une fois faire disparaître un ticket de bus dans des flammes violettes surnaturelles. C'est le genre de personne que l'on oublie pas. Nous avions lié une amitié certaine, et je l'aidais franchement dans son rade à faire un peu de tout, le ménage, ou la plonge. Les soirées étaient mémorables. Les filles nous souriaient, ça dansait et nous nous mesurions les uns les autres pour séduire. D'une tout autre manière, j'avais l'impression de renouer avec l'esprit des stations de sports d'hiver, ou celui de Biarritz, tant ma planche et moi étions indissociables. Cependant, sous couvert d'insouciance et de fête, nous galérions lui et moi. Pour ma part, je ne demandais rien d'autre qu'un verre ou deux, jamais d'alcool, jus de fruits pour mes prestations deejaystiques, tandis que Thierry lui bouclait difficilement les fins de mois, tant il partageait auprès de ces clients les choses simples qu'il avait à offrir. Derrière nos sourires de façade se cachaient nos problèmes, et malgré toute l'originalité de mon travail littéraire, qui plaisait à toutes les personnes à qui je pouvais le décrire, je ne trouvais pas d'éditeur. Alors nous avancions toujours plus dans nos efforts respectifs, essayant de nous serrer les coudes. Je préparais mes sets musicaux avec beaucoup d'efforts, trouvant des musiques originales, à l'époque la minimale avait le vent en poupe ; cela matérialisait bien l'adversité à laquelle nous nous confrontions. Thierry avait aussi des origines arabes, si bien que la musique Raï avait sa part belle dans les soirées du samedi. Et toujours avant ou après les sessions sur mon spot favori, je passais prendre mon jus de goyave, me lavais les mains après avoir ramassé mon skate poussiéreux du sol. Les gens étaient toujours étonnés lorsque je leur disais : Je ne te serre pas la main, j'étais en skateboard, désolé...

Mai 2001

J'étais de retour chez mes parents à la ferme où je travaillais comme agent du service de remplacement dans les fermes du canton. Il s'agissait de remplacer un agriculteur sur sa ferme lors de ces absences évidemment, ou pendant son arrêt de travail. C'était un job plein de nouveauté et de stimulation, toujours dans les fermes. Le vendredi soir, j'avais entendu parler de ce rendez-vous au Square St Amour pour les rollerskateurs, et finalement, j'ai retrouvé là-bas, Simon Delcure, Émilie Gasc, et Fred (dont j'ai oublié le nom) qui justement créaient l'ASEB : Association des sports extrêmes de Besançon. En bon pratiquant d'inline, j'ai bien entendu suivi le mouvement de l'asso, en prenant mon adhésion, rejoignant ainsi les membres fondateurs d'un collectif qui existe toujours aujourd'hui. J'ai cependant toujours eu une appréhension sur leur terme « extrême » qui n'a jamais été le bon d'après moi. De toute façon, j'avais besoin d'une licence fédérale pour m'engager sur le circuit de la coupe d'Europe de Descente, ce que j'ai fait à la même époque, vous le savez maintenant. Les randos étaient comme à Dijon, un grand moment de liberté dans la ville où nous nous retrouvions en groupe d'un bon nombre de patineurs. Le roller offrait cet élan de liberté qui ne cessa de croître jusque vers 2005-2006 ou les randos mobilisaient même la police, pour encadrer plus de 200 personnes dans le centre-ville de la capitale comtoise. Ensuite, toujours fidèle de cette récréation urbaine où je pouvais laisser libre cours à ma créativité en mouvement, j'ai constaté le phénomène inverse avec une régression du nombre de patineurs. Les querelles intestines des élus d'association, l'émergence d'une autre association de roller, inutile mais vraie volonté politique, l'imposition du casque comme moyen obligatoire de tout sécuriser une balade pourtant anodine, fini par étouffer l'élan de joie et de liberté qui s'offrait à la population. Sports extrêmes de Besançon, dès le début, j'étais assez circonspect de ce ronflant patronyme totalement galvaudé. Je n'avais aucune intention d'aller dans l'extrême et risquer de me blesser à mort dans un saut en parachute d'une falaise ou tracté par une voiture en skate à 180 km/h. Mais pour revenir à ces questions d'arrivisme d'un bon nombre de cadres d'associations, quelques-uns préféraient s'octroyer des postes à responsabilité dans une structure sportive plutôt que pratiquer. J'ai eu quelques conflits avec ces gens, dont la finalité n'était honnêtement pas tout à fait l'intérêt sportif, mais bel et bien l'occupation de rôle à destination politique. Nourrir son ego, au détriment des autres en somme. Et imposer au final des règles aux autres, sans pertinence concrète mais à partir d'une pseudo responsabilité auto attribuée, soi-disant d'utilité publique ou d'intérêt collectif. Aujourd'hui, je reste l'un des seuls, avec Simon cet été 2023, à exister depuis aussi longtemps dans ces rendez-vous du square St amour, les vendredi soir. La politique du tout sécuritaire a annihilé le plaisir, la confiance individuelle et la joie de ces mouvements sportifs. Imposer le casque, donnait déjà un frein au plaisir, et contre toute attente, une simple balade citadine au tempo d'une marche décontracté, ne justifie pas vraiment un arsenal de protections. Globalement notre société ultra sécuritaire fige ainsi un bon nombre de sentiments dans la peur, celle de la chute, préfigurant tout épanouissement sportif au travers du patin. Si vous avez déjà peur avant de monter sur les rollers, n'imaginant rien d'autre qu'une chute, il n'est pas surprenant que vous refusiez de chausser les rollers. Pour ma part, je n'ai jamais eu la frousse avant de m'élancer. Bien sûr, j'ai eu des chutes, mais jamais rien de trop grave, grâce à ma force mentale sans doute, mon entraînement pour sûr. C'est un peu le même débat que le port du casque à vélo. Et c'est aussi une intrusion dans votre propre zone de sécurité, car après tout si vous vous blessez la tête, vous ne blessez personne d'autre, et cela peut rester un choix individuel. Cela devrait rester un choix individuel, puisque l'on parle en 2023 de plus en plus de la fin de vie comme choix, est-ce pareil ?

Juillet 1980

La manière dont j'ai appris à faire du vélo est déjà un exploit pour mon âge, à l'époque, de 5 ans. Mes parents m'avaient prévenu, que Daniel Sainthillier et sa femme, Danielle, cela ne s'invente pas, viendrait avec une bicyclette pour moi, chez nous, pour m'apprendre. Je ne savais pas vraiment à quoi m'attendre, tant ce nouveau monde de déplacement m'était encore étranger. Mais comme mes parents et les Sainthillier se voyaient souvent à l'époque, ils avaient juste prévu de m'apporter un vélo à ma taille d'enfant. Et naturellement, tout le monde était à l'heure, il faisait beau, le vélo était un Betty orange aux pneus blancs. Nous nous sommes placés devant le garage, qui recèle une très légère descente, devant la maison. Et Daniel m'a présenté le vélo. Il m'explique où sont les freins et m'annonce ensuite : Tu vas te tenir droit sur le vélo, et je vais te lancer, tu vas voir, tu tiendras en équilibre, tu n'auras plus qu'à freiner, c'est magique dit-il ! Bien sûr, à mon jeune âge, je lui faisais entièrement confiance. Une confiance aveugle. Et mes parents assistaient à la scène avec mon frère Christophe. Si bien que je me suis placé sur la bicyclette, et Daniel, m'a véritablement lancé en équilibre dans l'élan. Ce fut instantané ! Et il avait raison, magique en même temps. J'avais réussi à tenir droit en équilibre sur la machine orangée, pile à ma taille d'enfant. D'un claquement de doigts, j'ai réussi à comprendre l'avancement à vélo ! C'était totalement prodigieux, et en utilisant les freins, je m'arrêtais pile à l'endroit prévu pour cela. Que dire aujourd'hui d'une telle manière d'appréhender le vélo ? J'aurais pu me faire très mal, mais nous étions en 1980, nous ne parlions pas de casque systématique, ni même de roulettes d'apprentissage, et c'était parfait ! Ce don que m'avait transmis Daniel Sainthillier était exceptionnel ! En grandissant, j'ai compris que cette manière expéditive de compréhension cinématique était entièrement basée sur l'inné. Marcher est inné, courir est inné, cela fait partie intégrante de nos gênes, de notre ADN, de notre instinct, alors quand Daniel m'a lancé dans le vent de la bicyclette, je n'avais qu'à tenir le guidon, garder les pieds sur les pédales, en toute logique, et freiner pour m'arrêter. J'avais trouvé la formule magique pour être cohérent entre l'inné et l'acquis, puisque tout devenait simple à partir de ce tout petit effort d'apprentissage, à pile ou face. Mais nous étions dans les années 80, l'audace et la témérité des parents de cette génération, ma génération, étaient héritées d'une autre époque, j'imagine un peu à la manière d'un enfant de la balle dans un cirque qui vit avec les animaux du spectacle en permanence. Aujourd'hui, je fais encore ce lien entre le tour de force dont j'ai bénéficié pour apprendre le vélo, et les mangas de mon enfance. Lorsque je regardais le capitaine Flam et son vaisseau spatial, musicalisé par les meilleurs orchestres de jazz disco funk de l'époque, j'étais ensuite totalement galvanisé pour explorer ainsi mon environnement villageois, à bord de ma bicyclette orange Betty, j'évoluais en toute liberté dans un village de 150 habitants, en toute insouciance et avec la confiance de mes parents. La circulation, les voitures, camions, tracteurs, tout le monde faisait déjà confiance à un enfant de 5 ans, et je n'avais aucun obstacle à ma liberté exploratrice d'un monde que je découvrais entièrement à l'époque. C'était une époque véritablement bénie de laquelle je ne garde que cette nostalgie passée, d'un mode de vie disparu. Ne serait-ce qu'exprimer ces expériences ici, en 2023, relève d'une certaine curiosité à la vue des mœurs actuelles, tellement éloignées de ma personnalité. Le monde change invariablement, c'est aussi la raison de ce récit.

Juillet 2004

Ma mère s'était liée d'amitié avec Colette et Roger Favre, qui possédaient un bateau arrimé sur le Doubs à Baume les Dames, sur le camping de Lonot. Fred, leur petit fils était sensiblement du même âge que moi et nous avions ce point commun d'un attrait pour les sports de glisse. Le bateau de Colette et Roger, une vedette rapide monomoteur était idéalement conçu pour le ski nautique, et comme je commençais de m'accrocher au surf, je retrouvais avec cette équipe de nautisme dominicale un axe pour m'épanouir davantage dans l'élément liquide. L'eau du Doubs est certainement beaucoup plus verte que l'océan, mais j'étais ainsi invité à venir participer à des sessions de ski nautique durant nos week-ends. Comme j'arrivais de Suisse, où mon job de technicien qualité avait capoté dans l'usine de Prodague, à Yverdon, j'avais une furieuse envie de me lâcher à la manière d'un extravagant nageur, influencé par le film Jackass. En arrivant au milieu du calme de la tablée des invités de Colette et Roger, à peine garé, j'ai immédiatement saisi l'opportunité pour me dévêtir et foncer droit dans l'eau douce de la rivière fleuve du Doubs, plongeant tel un gredin de première catégorie dans l'eau calme et apaisante. Avant même de saluer quiconque ! J'avais réussi mon effet ! Tout le monde était médusé, car il faut bien le dire, l'ambiance était surtout mondaine, et il fallait bien garder un peu de retenue et d'élégance tout autour de la table posée entre le ponton et la caravane ou nous nous changions pour enfiler les néoprènes. Les questions fusaient : Mais qu'est-ce qu'il nous fait ? Ça va pas ? T'es pas bien ? Tu te crois où ? J'entendis à la sortie de l'eau toutes ces critiques allant bon train, alors que je ne faisais preuve que d'un peu de fantaisie au milieu du conformisme latent. J'avais tout simplement plongé tout droit dans l'eau, tout en saluant à la cantonade les personnes présentes. Et ce fut un demi-scandale. « Vincent, c'est pas parce que tu fais du roller qu'il faut faire n'importe quoi », c'est ce que je retenais des remarques émises à mon encontre. Je répondais tout bonnement que je voulais juste faire preuve d'un peu de liberté, pour goûter l'eau et m'amuser, rien d'autre qu'une arrivée en fanfare. Loin de moi toute pensée rebelle ou nuisible à la quiétude, au contraire, j'étais même galvanisé par l'idée de pouvoir pratiquer un peu le ski nautique et retrouver là les sensations du surf maritime, toucher l'eau en mouvance. Il fallut que j'attende et patiente à mon tour. Car nous passions tous, ma mère aussi, au petit tour de ski nautique, tracté derrière le bateau. Colette me dit qu'est-ce qu'il t'a pris ? Je répondais, que j'avais simplement envie de m'amuser, et elle insista sur le fait que le bateau était dangereux, et qu'il ne fallait pas faire n'importe quoi, etc. Si bien que lorsque mon tour vint, et je finis par enfiler une néoprène, le gilet de sauvetage et replongeais dans le Doubs tandis que Fred mettait en place le bateau. J'attrapais le palonnier, et après un signe OK, Fred mit les gaz, le bateau s'ébroua, la corde se tendit, je sortais de l'eau d'un bon. Mon bon vieux Fred qui comprenait bien mon envie d'action avait lâché les chevaux comme une brute cabrant l'embarcation. Une fois sur l'eau, je trouvais sur le bouillon un semblant de vague souple et facile, où je pouvais ancrer les skis nautiques dans des virages vite ennuyeux, car limité par la traction de la vedette et la corde. Toutefois, coupant les vagues, je prenais tout de même quelques belles impulsions pour tenter de lâcher un saut ou deux. Fred annonça le virage, car déjà il fallait redescendre le courant, alors je profitais d'un couple lié à la manœuvre pour trouver encore plus de vitesse, prisonnier de la cordée. C'est finalement au retour au ponton, que j'avais la possibilité de tenter un bon gros saut pour terminer par une faute de quart, et me faire sécher lamentablement sur l'eau dure, prenant ainsi une bonne claque bien sentie par la force de l'eau, calmant enfin mes ardeurs. Je m'étais mis une sacrée beigne, et il fallut reprendre mes esprits immédiatement, car au milieu du Doubs, les autres bateaux allaient passer à leur tour. Comme dans l'océan, mais à la force d'un moteur. C'était une pub Rossignol de l'époque qui laissait sous-entendre une petite tendance masochiste dans nos sports de mouvements...

Juillet 2019

À l'âge de 44 ans, je mets le cap sur Clermont-Ferrand avec ma freeboard dans le coffre de voiture. Cet été-là, je souffre de solastalgie. Autrement dit, j'ai peur du réchauffement climatique. C'est déjà une contradiction sociétale notoire, considérer les gaz à effet de serre, et brûler de l'essence, mais bon tant que la Formule 1 consomme son carburant juste pour la compétition, pourquoi ne pas rouler en voyage ? L'impact des températures élevées cet été-là reste un stress présent, même incontournable, car il fait vraiment très chaud. Toutefois, cela ne m'empêche pas de saisir ma planche pour surfer Clermont. Après avoir trouvé mon camp de base, je me suis posé dans un petit hôtel sympa de la périphérie du centre-ville. Et ce matin de semaine, je déboule sur les boulevards comme une fleur sur le pavé. Sur des routes inconnues, j'embraye en pleine forme, pleine bourre sur un tout nouveau terrain, comme d'habitude, sans casque, sans protection autre que me préparation physique aux petits ognions. En effet, j'étais « préparé » à tenir ma planche durant ce trek urbain, piloter ma planche. Et c'est un bonheur immense de découvrir la ville, ces recoins, ces ruelles, ces lieux célèbres, comme la place Jaude. Les descentes sont nombreuses et j'ai tout le loisir de sillonner la capitale du Massif central. Je me souviens d'avoir véritablement surfé une avenue à proximité de mon université Blaise Pascal Clermont II, un boulevard en descente légère, mais régulière. C'est un vrai terrain de jeu qui appartient aux audacieux, en symbiose avec les véhicules et le soir venu, je retrouve la night life, des femmes et des hommes qui cherchent l'illusion d'un bonheur accessible dans des paradis gastronomique, alcoolique ou artificiel dans certaines drogues. Rien de tout cela ne me capte, rien d'autre n'est aussi intéressant que prendre cette freeboard et la piloter sur le goudron avec l'habilité d'un surfeur ou d'un snowboardeur. Pas même les femmes ne parviennent à me détourner de ma concentration. De retour à mon camp de base, je pratique systématiquement des sessions de yoga, d'étirements, de respiration, avec également une nutrition sportive, comptant sur les suppléments disponibles en pharmacie. Et c'est un vrai succès, pour moi et ma planche, de parvenir à déchirer les routes de la ville sans le moindre encombre. Ce souvenir peut paraître anodin, mais c'est pour moi un parfait exemple de ce qu'est mon plus beau free-ride. Une ville inconnue, ma planche et une préparation sportive méticuleuse m'envoient au paradis des skateurs. Le tout en étant officiellement au chômage, mais pour trois jours à Clermont-Ferrand, on ne va pas me prendre la tête parce que je ne cherchais pas du travail. J'avais été viré de mon entreprise parce que j'avais trop ouvert ma gueule. La solastalgie, déjà. Je transportais des enfants avec un véhicule neuf places, et la plupart du temps mon engin était vide, avec un seul enfant à bord. J'avais foutu un beau bordel dans les administrations départementales ou même régionales, pour expliquer la vacuité du concept, et sa mauvaise gestion. Je crois que ça a torpillé le service qui cessa aussitôt après. Cela m'avait coûté mon job, mais j'avais gardé une envie furieuse de pratiquer la planche, ce que j'ai fait à Clermont. La vraie liberté, celle qui bouillonne dans vos veines. À condition de ne pas se vaporiser dans une folie, vous le lisez je parle de maîtrise ici, d'action marginale certes, mais raisonnable : Je tiens à ma peau !

Janvier 1999

J'avais terminé mon service militaire, et mon grand-père Joseph venait de prendre sa retraite. Toutefois, il fallait réaliser le chantier d'affouage, fabriquer le bois de chauffage de la maison et c'est donc lui qui se chargea de m'inculquer les techniques de bûcheronnage traditionnel. Nous nous sommes rendus en forêt, équipés du matériel habituel, tronçonneuse, masse, coins, serpe, bidons d'essence, et clés de réglage de la tronçonneuse. Joseph, qui était né dans les années 1920, tout comme mon autre grand-père Gilbert, maçon, avaient connu la guerre et l'occupation Allemande, puisque la Wehrmacht détruisit les trois quarts du village dont nous sommes originaires. Ainsi, il me montra comment descendre la tronçonneuse dans le bois, quel sens donner à la coupe, mais surtout comment abattre les arbres, un arbre. C'est la partie la plus dangereuse du travail. Quoique de toute façon, tenir une tronçonneuse est un job dangereux. L'abattage, la partie la plus épique du job, était une question d'équilibre entre l'habilité du bûcheron et la taille de l'arbre. La finesse la plus passionnante de ce travail résidait dans le fendage des rondins. Alliance d'observation et de force. Mon grand-père me montra comment lire le bois, et travailler sans effort. Sans effort est une vision optimiste de cette tâche, car il m'encourageait aussi à cogner, sèchement, vigoureusement, comme un homme à l'ouvrage. Nous ne sommes allés qu'une seule fois au bois ensemble, mais en une après-midi, mon grand-père m'avait tout appris ce qu'il savait. Il ne me restait plus qu'à confronter son expérience avec la pratique. C'est ce que je fis avec difficulté. Mais grâce à sa transmission orale des techniques de travail du bois, je me souvenais des détails en galérant comme un beau diable sur des bouts de bois plus lourds que moi. Encore aujourd'hui, je perpétue cette tradition d'affouage. Mon grand-père est aujourd'hui disparu, comme avec le temps tout s'en va. Mais cette corvée particulièrement physique reste un moment épique du travail d'un homme d'action. Un peu comme les jobs de couvreurs de toitures. C'est toujours un grand moment d'aller pour moi, abattre des arbres plus que centenaires à l'aide d'une petite tronçonneuse 2 temps. Et c'est une sacrée montée d'adrénaline, car les réactions du bois, pourtant prévisibles, laissent parfois des surprises qui peuvent être mortelles. Si le tronc d'un arbre ne vous tue pas, c'est la tronçonneuse qui ne vous ratera pas. Et quid des leçons de sylviculture, où les gars sont suréquipés de casques, lunettes, protections auditives, pantalons anti-coupures, etc. Pour ma part, je me pointe au travail d'affouage, avec mes chaussures de sécurité, et des gants de travail. Point. Le reste ne sauve pas forcément la vie, et vous la complique beaucoup. Innovation par rapport à mon grand-père, j'emporte toujours une bouteille d'eau. C'est pour moi une condition sine qua non d'aptitude à tenir cette satanée tronçonneuse. Alors c'est vrai, c'est encore une fois un truc très risqué, qui remplit ma vie. Mais c'est un travail. Il ne s'agit pas de s'amuser avec des rollers, un skate, des skis ou un surf, mais il faut bel et bien remplir le stock de bois de chauffage. Après coup, lorsque je songe au nombre de fois où j'ai failli trépasser, je me dis que la vie ne tient qu'à un fil, et si mon grand-père a atteint un âge vénérable, après une dure vie de labeur, il convient de toujours rester maître de ses actes. C'est peut-être le secret de la prise de risque, dans une société de poule mouillée où tout le monde a peur du moindre risque, « la peur n'évite pas le danger » comme le disait mon père, le fils de Joseph. C'est ce goût-là du patriarcat qui me plaît. Les jobs audacieux, dangereux, font la valeur des hommes. Surtout pour un gars comme l'était mon grand-père, qui connut la guerre de 39-45, dans sa pleine jeunesse. Il lui fallut toute sa vie se battre pour faire bouillir la marmite, avec courage, ténacité, abnégation. Alors, le monde d'aujourd'hui, laissez-moi rire. Je me fais des adversaires avec ce livre, toutefois, il faut considérer peut être que le tout sécuritaire amoindrit réellement les capacités de tout un chacun. Et si vous n'appréciez pas cette idée, mon inconscience vous qui la jugez comme telle, aura peut-être raison de moi, n'est-ce pas ? Me tuant dans le vif du sujet ? Je touche du bois... sans superstition aucune.

Mai 2001

C'était mon premier contest de roller inline en descente. À l'époque, j'avais trouvé le site Internet inlinedownhill.com qui narrait les compétitions déroulées à travers l'Europe. Et comme je pratiquais la descente depuis mon séjour à Morteau, je lorgnais régulièrement sur ces activités sportives qui me semblaient être comme une nécessité pour moi. Aujourd'hui, je ne sais pas pourquoi j'ai été si attiré par la compétition. À l'époque, je bossais au service de remplacement agricole, et j'enchaînais les jobs dans les fermes du canton. Célibataire, j'imaginais peut-être que ma pratique était suffisamment technique pour rencontrer d'autres compétiteurs. Alors je me suis engagé dans le circuit européen. Ma première manche était celle d'Ubersaxen, à Feldkirch aux portes du Tyrol. Mes amis me suivaient, le shop Slide Box me sponsorisait en me filant des tonnes de stickers, un peu de matos et des tarifs préférentiels sur les roues. C'était un peu l'eldorado pour un rêveur naïf. Je crois que ce fantasme de devenir sportif professionnel m'anima avec ferveur, en toute franchise. C'est surtout cela qui motiva mon engagement dans une discipline qui n'existait pas encore, car il n'y avait pas de modèle, pas de star, pas d'exemple à suivre ! J'avais donc prévenu tout le monde, et à l'époque, il fallait encore changer ses Francs en Shillings, je louais un utilitaire, prenais un max de matos, mes protections, la licence fédérale, le certificat médical, la réservation sur Internet au contest, enfin, tout. Jean Claude Alibert me conseilla de bien réaliser la reconnaissance du parcours, ce que je fis juste en arrivant. La route était magnifique. Un petit village perché sur un plateau montagneux accueillait le départ. Et là, je découvrais toute une population qui se tirait la bourre depuis déjà plusieurs années, sur le circuit officiel. Un vrai microcosme, une communauté solidaire, une tribue techno... Il y avait le jour de la compétition, un entraînement, puis la session chrono. Ma session d'entraînement s'était bien passée, mais lors de la séance chronométrée, je découvrais une route mouillée juste après la sortie du village, après le début de la descente. C'était la première fois que je roulais sur du mouillé ! Première épingle, ça n'a pas raté, je me suis étalé. J'arrivais au taquet évidemment, peut être environ 75 km/h, j'envoyais tout ce que j'avais, avec mes patins de vitesse Salomon. Mon matériel n'était pas ridicule, mais pas optimal. Heureusement, mes aptitudes sportives collaient au niveau des athlètes présents. Après ma chute, j'eus un coup d'œil à la caméra d'Eurosport que je décrouvrais là sans avoir été prévenu, puis je me suis relevé dans le même rush et terminai mon parcours en sprint. J'étais assez dégoûté en arrivant sur la ligne, mais c'était encore loin de ce que j'allais voir : Les meilleurs mondiaux s'arrachaient dans des glisses de freinage que je ne maîtrisais absolument pas. J'assistais totalement scotché à un festival de glissades lors du freinage d'arrivée. Chose qui n'était absolument pas visible depuis l'Internet de l'époque, car la vidéo en 2001 n'était pas opérationnelle sur le Web. J'étais dégoûté, j'avais tout à apprendre. Comme le disait Luc Lenoir, je ne savais pas patiner. Alors furieux, je retirais mes rollers, et au lieu d'attendre le bus de remontée, j'entrepris la pente à pied, et ces 5 kilomètres serpentant dans la forêt Autrichienne. Toutefois, d'autres patineurs freinaient comme moi avec le tampon. Certes, le tampon, c'est pour les menstruations des filles. Mais bon, blague misogyne mise à part, remontant à pied, j'arrivais finalement au village de départ, avec mes rollers sur l'épaule, lorsqu'à mon plus grand étonnement, deux jeunes filles vinrent me solliciter pour un autographe.

Mai 2002

L'expo 02 prenait place en Suisse, et laissait augurer un panel de nouveautés civiles et sociales qui s'annonçaient avec le siècle nouveau. Les technologies, les mœurs, les habitudes, tout semblait bientôt évoluer. Des gens disaient que les trois échelons de la vie, l'apprentissage, le travail et la retraite seraient bousculés pour s'échelonner tout au long de notre existence. Au lieu d'avoir trois phases successives, nous aurions durant toute notre vie des périodes alternées ou synchronisées d'apprentissage, de travail et de retraite. Comme j'écoutais Couleur3 la radio suisse romande, que j'écoute encore aujourd'hui, la promotion de cet événement international était récurrente, et j'étais très attiré par ces perspectives de bouleversement de nos sociétés. Si bien que je me suis rendu à Bienne, pour découvrir l'un des centres d'Expo 02. La Suisse a toujours été pour moi un modèle de société, tant elle est structurée intelligemment, rangée précisément, magnifique à tout point de vue. D'autant plus pour ces soirées et sa culture. Une fois à Expo 02, la première des choses nouvelles, fut pour moi de rentrer en fraude dans le centre d'expo. C'était surtout pour le fun d'escalader le grillage et de m'offrir une exposition gratuite. J'avais emporté un skateboard, à l'époque une short-board. Les thématiques exposées étaient liées à l'argent justement, ainsi qu'aux communications, et dans des grands halls sur pilotis, prenaient place des gigantesques fresques agrémentées de sculptures modernes, installations plastiques. Mais surtout, il y avait une tour de condensation en fine toile synthétique, autour de laquelle se dessinait une coursive en escargot, spirale descendante pour aboutir sur l'esplanade centrale. Armé de mon skate, je n'avais absolument pas prévu de faire de la descente, mais la piste était trop belle. Si bien qu'après une petite analyse rapide du spot, je me suis engagé dans cette descente sympathique. Je faisais partie de l'expo ! Et comme j'avais particulièrement stylisé ma tenue, je passais pour un rideur affranchi. C'était parfait, idéal. Les spectateurs présents jugeaient ma prestation comme cohérente, avec l'événement et le reste des thématiques abordées. Après tout, le free-ride à l'aube des années 2000 vivait sa révolution, qui, autre particularité aujourd'hui, ne cesse jamais. Et ce sport nouveau pour beaucoup d'entre nous grandissait en même temps que nous. Je repense à Yvon Labarthe, Christian Montavon, Manu Schwab, Florian Schwab, Nicolas Gachoud, et tant et tant de pointures Suisses de la glisse de notre génération. C'était un moment magique. Les vigiles de l'expo, voyant ma démarche, ne firent absolument rien pour interrompre mon balai. J'étais totalement en phase avec l'événement. Ma prestation donnait dans ce que j'appelle un pur free-ride, de véritable touriste, ce qui semblera pour les plus avertis d'entre vous comme une contradiction impossible. La piste longue d'environ 25 mètres était couverte d'une rugosité donnant un son particulier et sourd à mon skate. Les Arte plages, c'était leurs noms, sont toujours en place aujourd'hui. Elles résistent à ces promesses d'un horizon nouveau et tendent à inscrire dans la réalité, ces désirs de changements que nous attendons encore aujourd'hui ? Justement, après toutes ces années, j'ai appris à considérer que le changement est une constante, durable. C'est une leçon que je garde de cet événement. En sortant de l'expo, je me souviens très bien d'une bande de skateurs plus jeunes que moi qui pratiquaient devant l'entrée sur des blocs de béton. Je leur avais demandé qui faisait le meilleur Holy, mais à ma question, typique du paysan Doubiste que je suis, ils se sont regardés tous circonspects, comme si faire le meilleur, être le meilleur, n'avait pas de sens, aucun sens dans une société affranchie des compétitions inutiles tant la victoire représente cet écrasement de l'autre. Et je ne dis pas ça seulement parce que je n'ai jamais gagné, être à son meilleur niveau est déjà une gageure. C'est même l'essentiel. Toujours sans bobo, c'est là la victoire.

Janvier 1985

Nous habitions encore chez mon arrière-grand-mère, mon frère et moi. Nos parents n'étaient pas là pour le petit déjeuner, c'est elle, mon arrière-grand-mère Cécile, née en 1900, et forcément âgée, qui partageait avec nous le premier repas de la journée. Quoi qu'en me remémorant ce point, elle restait souvent au lit, et nous déjeunions seuls, je crois, mon frère et moi. Mon père et ma mère habitaient l'appartement de l'étage dans la maison, et nous étions au rez-de-chaussée, le frangin et moi. Naturellement, nous avions l'habitude d'aller jouer près de la chapelle qui se trouve dans la colline, à environ 460 mètres d'altitude dans le côteau. Juste à côté de cette chapelle se trouvait un champ exploité par notre père, pentu, très pentu pour les environs. D'ailleurs, il n'y allait pas en tracteur, juste des vaches pâturaient simplement l'herbe. C'est dans ce champ que nous faisions de la luge, ou du sac. Nous prenions des sacs d'engrais en plastique dur, remplis de foins et ficelés. Cela nous donnait des luges ou des bobs confortables. Et ce matin-là, le givre sur les fenêtres de la vieille maison nous laissait penser que la neige était là. Aussi, j'ai proposé à mon petit frère de partir faire du « sac » avant d'aller à l'école. Nous pouvions ! Nous étions totalement libres, car nous allions à l'école à pied, sans personne pour nous escorter. Et mon frère acquiesça tout logiquement. Nous partîmes sur la colline au lieu de nous rendre à l'école, équipés de nos sacs, cagoules et gants, moon-boots de la mode années 80. Ainsi, nous avions gagné la pâture, et nous commençâmes à faire tout juste quelques descentes, pour habillement rejoindre l'école primaire en retard. C'était la première fois de ma vie que j'arrivais en retard à l'école. Mon cadet ne dit rien, mais m'accompagnait sans hésiter. Ce n'est que des années plus tard que nous avons fait encore une connerie sur la route conduisant à Métabief, en 1995, en février. Une file de voitures assez longue était ralentie par un camion montant lentement le col de la Vrine, avant Pontarlier. Arrivant au niveau de l'aire de repos, je braquais la 205 XAD commerciale que nos parents nous avaient acheté, à fond sur la bretelle et je remontais toute la file par la voie de droite, doublant à l'Anglaise, et surgissant pile devant le camion lent. Nous étions pressés d'arriver à la neige, comme à chaque fois. Pour finir avec ces anecdotes, je rends hommage à mon frère qui fut également un rideur à sa manière. Je me souviens d'une descente aux Portes du Soleil, sur Chatel, où nous nous sommes livrés à une vive compétition, à couteaux tirés lui et moi. Nous descendions pleine bourre, envoyant du gros sur chacun des côtés de la piste réchauffée en fin de journée, là où la neige retrouve encore un peu de souplesse et de plaisir. Nous ne nous battions pas vraiment l'un contre l'autre, mais nous avions ce besoin de nous dépasser, l'un avec l'autre. Il avait choisi le snowboard, moi le ski. Il eut sa période comme moi, ou nous rêvions de devenir des stars de la glisse, sans savoir ce que cela impliquait, gardant quelques photos de ses sauts sur les barres neigeuses d'une station des Contamines. Mais mon frère a toujours eu les pieds sur terre, davantage que l'aîné que je suis pour lui. Certainement mon côté idéaliste.

Mai 1998

J'étais à Paris avec mon pote Arnaud Bonnefoy. Nous avions eu une chance incroyable, malgré la grandeur de la capitale, nous nous étions retrouvés en voisins dans le même quartier de Saint-Germain des Prés. Lui était en philosophie à la Sorbonne, et moi réalisais mon service militaire, dans la Police du 5e arrondissement de Paris, comme auxiliaire à la préfecture. Nous avions choisi ce jour-là, un mardi, de rejoindre la Flèche d'Or pour ces scènes ouvertes, car Arnaud était musicien. Il conduisait sa petite citadine, une Ax, toujours Citroën, et j'étais assis sur le piège passager en train de rouler un joint. Lorsque nous traversions le 11e arrondissement, nous nous sommes fait soudain arrêter façon Fast & Furious, façon Starsky & Hutch pour les anciens. Une bagnole a déboulé devant nous pour nous stopper, bloquant la voie. Les flics sautent en bas de leur véhicule, et nous braquent comme si nous étions des voyous de grand banditisme. Descendez du véhicule ! Bon, moi je terminais quand même le joint, car j'étais pile en train de coller les feuilles lorsque la scène s'est produite. Nous descendons, lui et moi, et nous commençons à vider nos poches sur les ordres de la BAC. Qu'est-ce que c'est que ce merdier ? Nous demandent les types de la police. Vous vous fumez des joints ? Moi, qui avais ma carte de policier auxiliaire dans la poche, je vidais tranquillement mes poches, avec en tout et pour tout, une tête de marijuana ridicule, puisque le reste était dans le joint. De toute façon, je n'ai jamais été un fumeur outrageant envers les forces de l'ordre. Les mecs commencent à regarder ce que nous sortions et ils tombent sur ma carte de P.A. Blasés. Oh non putain, il est auxiliaire Boucard... Qu'est-ce que vous foutez là ? Nous leur expliquâmes, tranquillement que nous allions à la scène ouverte de la Flèche d'Or, pour participer en tant qu'artiste, etc. J'avais un peu peur d'avoir des ennuis quand même... Mais les gars nous laissent mariner, pendant qu'ils faisaient le contrôle des identités avec la radio du 11e arrondissement, le commissariat le plus proche. Effectivement, ils comprennent que je fais bien partie de la maison, et que mon Arnaud Bonnefoy était lui également de bonne foi, comme son patronyme l'indique. Nous étions juste deux glandus de consommateur, et nous n'avions pas grand-chose à offrir en matière de trafic de stup. L'un des agents de la BAC se rapproche de moi et commence à me sermonner. Qu'est-ce que tu fous là sur notre arrondissement à fumer des joints ? On ne veut pas te revoir, ici, OK ? Tu dégages avec ton joint et tu ne nous fais plus chier avec tes fadettes de stup à la mords-moi-le-nœud. Le gars piétine ma tête d'herbe, il me restait à peine un joint. Mais ils nous demandent ensuite de partir, car nous étions quand même au beau milieu de la rue. En nous laissant le joint ! Que nous avons fumé bien évidemment sur la route de la Flèche d'Or. Ce n'est qu'ensuite, pour la fête de la musique que Stéphane Malhomme, un grand érudit baraqué, m'avait prêté ses Rollerblades pour l'occasion. C'était la première fois que je faisais du roller dans Paris. Et comme je voulais profiter des musiciens de la capitale, je sillonnais de Denfert Rochereau, à St Michel, pour remonter sur République et bifurquer sur Bastille, le quartier ou je m'étais fait gauler. Premier tour de roue en inline dans la capitale, et d'emblée, j'étais dans le coup, même si certaines Parisiennes me croisant laissaient entendre que je ne savais pas encore faire du roller. À l'époque, les gangs de Paname installaient le tremplin devant Notre Dame, pour faire du saut en hauteur, ou des slaloms... Mais pour moi, le côté pratique l'emportait et je sillonnais Paris avec un but précis... Trouver les meilleurs guitaristes...

Juin 2019

Je n'avais pas encore commencé à bloguer, mais je réalisais quelques vidéos pour les réseaux sociaux. C'est en me rapprochant de la fac de sport de Besançon que j'eus une certaine opportunité avec un groupe d'élève en licence. L'accès à la fac de sport, est en descente à Besançon, dans une rue plutôt peu circulée. Je me livrais donc à quelques descentes dans cette rue parce que l'un des immeubles était décoré d'une fresque géante avec un portrait d'un homme inconnu assez stylé. J'imaginais que ce détail urbain serait du plus bel effet dans mon clip de planche. Mais c'est finalement en passant devant l'entrée de la fac de sport que je réalisais qu'un groupe d'élèves fumaient leur clope, un paradoxe pour des élèves en sport. Après mes quelques descentes, je me rapprochais pour aller boire un coup, me laver les mains aux toilettes, et éventuellement tailler la discute avec eux. Bien sûr, ils se foutaient pas mal de ma planche, car dans le lot, un bon nombre d'entre eux étaient des voltigeurs comme Édouard Amiot, capables de back-flip et autres fantaisies gymniques et acrobatiques. Lorsque je me suis rapproché, nous avons commencé à parler, j'ai présenté ma planche à un trio d'élèves, qui me disaient être en licence management du sport. Réalisant alors l'opportunité qui s'offrait à moi, je les questionnais sur leur prof, et ils me disaient être avec l'une d'elles, alors en pause. Après leur avoir demandé de la rencontrer, ils m'ont finalement convié à rentrer dans la fac avec eux, leur temps de pause étant terminé. Nous nous sommes avancés dans les couloirs, et nous avons atteint une petite salle en théâtre, où les élèves, une vingtaine s'attablaient pour reprendre les cours, malgré l'absence de la prof. Alors, en son absence, je saisis une opportunité unique, en totale improvisation. Je tendis ma caméra gardée en poche à l'une des élèves, et lui dit ; tu filmes la scène, je vais demander une chose au groupe. J'ai proposé à la classe de réaliser une séquence de présentation de la freeboard, ma planche de skate que j'avais amenée avec moi évidemment. Le script était spontanément et sans hésitation surgit de mon imagination. Je leur expliquais alors : Je vais vous décrire l'usage de ma planche, et quand je commence à patauger dans la description, vous gueulez tous en même temps : VA Rider ! Dans l'espace d'une minute, la caméra était en place, l'élève était OK, ainsi que toute la classe, alors je commençais mon sketch : La freeboard est une planche de skate originale, qui permet la descente sur des routes goudronnées... L'élève en retrait filmait la scène, tandis que tous les autres attendaient attentivement mon signal tacite pour se lâcher... Je me retrouvais prof de Staps, en l'absence de leur professeur ! En plus l'idée était assez cohérente, car l'esprit du pur free-ride était bien là d'après moi, partir explorer ses capacités, son univers, à la force de ses jarrets, comme disent les cyclistes. Je continuais mon speech. La freeboard est équipée de trois roues, dont deux centrales, qui permettent un roulement permanent, alors que les roues latérales glissent alternativement d'un côté puis de l'autre de la planche... Et alors la glisse, euh, le mouvement, euh, et là, éruption générale dans la salle de classe : Vas-y, va RIDER ! Tous les élèves qui avaient parfaitement compris ce que je demandais se sont levés en cœur pour exploser dans cette expression libératrice du « vas-y, va rider ! » Au même moment, attirée par le bruit, la prof arrivait là en demandant perplexe ce que je faisais là... Assez jeune, de mon âge, elle ne dit rien, ou pas grand-chose peut être abasourdie par l'effet de surprise complet. Et je repartais avec en poche la vidéo fidèlement captée par l'une des élèves restée en retrait pour immortaliser la scène. J'eus encore une fois beaucoup de chance que la prof ne m'envoie pas valser chez les autorités administratives coincées du bulbe pour me réprimander d'une manière sévère et pédagogique...

Juin 2001

C'est encore lors d'une phase de chômage qu'une opportunité fut saisie grâce au réseau relationnel familial, je crois me souvenir que mon frangin m'avait peut-être indiqué le Café Poste. Jérôme, son boss, avait installé la terrasse sur le parvis élégant du square St Amour de la boucle Bisontine. À l'époque, je reviens de mes premiers contests en descente et adhére à l'association des sports extrêmes de Besançon. Mes patins gardaient alors une excellente presse auprès des habitants. Il faut croire que ma vraisemblable aisance de l'époque inspirait la confiance auprès des mêmes habitants et des badauds. En guise de Curriculum, j'avais assuré un extra chez Gilles à Morteau lors d'une soirée coorganisée avec Stéphane, le fils de madame Françoise, la patronne de l'époque, ainsi que mes deux DJ préférés, Seb Courbet et Pierre Descène, membres de la colocation du 16 place du marché. À vrai dire, et tout bonnement, je ne faisais que tirer des pressions à la suite, car tout le monde éclusait sérieusement la Kronenbourg ou l'Heineken, on ne sait plus et on s'en fout. Avec aussi mon extra du passage au millénium, l'an 2000 au Macumba, légendaire club à l'organisation monumentale de la banlieue franco-suisse genevoise. J'étais une quiche en restauration, débarquant des Chocolats Klaus et de la ferme à Papa, mais Jérôme me proposa le deal suivant : Sylvain et moi, nous réalisions le service sur la terrasse au dallage chic de l'époque, logiquement roulant pour nos rollers, en liaison avec le comptoir du célèbre Café Poste de la ville. C'était donc la prise de commande, le port du plateau, le service à table et l'encaissement. Le tout comme sur des roulettes, les vendredis et le samedi. Et ce fut une expérience géniale ! Certes, j'étais loin de la ferme durant cette mission, mais jeune célibataire de l'époque, je tombais davantage sous le charme des suffragettes universitaires en lettre ou droit d'une faculté locale. Au contraire d'un penchant pour la bouteille dont je n'ai jamais été tellement victime, chose apparentée au risque du métier pour les débits de boissons licence IV. Il faut dire qu'avec des chaussures à bascule aux pieds, cela m'aurait sauvé plus d'une fois d'ivresses dangereuses. Et ce stage, payé cash, en espèces sonnantes et trébuchantes, n'aura rien à voir avec ce qui s'appelle balancer du travail non déclaré. En plus, il y a prescription. L'époque restait empreinte d'un pragmatisme hérité de nos parents. Le patron du Café Poste, Jérôme, avait l'habitude des extras en restauration. Et c'était relax comme fonctionnement. Comme nous étions encore en Franc, j'avais gagné 100 francs pour la prestation. Aujourd'hui, ça serait « uberisé » avec une appli numérique, forcément. Et si je me souviens bien, je crois que tout le monde avait passé un bon moment dans ce délire à roller pour le service du bar, comparé parfois au Futuroscope ou aux vérificateurs de prix en grande surface, dans mon souvenir. Il faut dire aussi que je m'étais extraordinairement appliqué à ne pas renverser mon plateau. Jérôme était un gérant exceptionnel, ce n'est pas étonnant qu'une réputation Jet-set du lieu fut entretenue aussi longtemps. Ainsi en confiance, Sylvain et moi, dont nos styles restaient très différents, marquions le rythme des boissons servies en allant et venant du bar à la terrasse, profitant aussi du carrefour à la faible circulation automobile pour tournoyer à l'envie. Lui venait du roller agressif, moi de la descente. Les clients exprimaient leurs impressions, et nos roulettes généraient une innovation assez étonnante, de toute façon remarquée. Comparés aussi aux agents de supermarché roulant vers les vérifications tarifaires des produits sans étiquettes. Je me demande quel souvenir les personnes présentes peuvent-elles garder de cette expérience, mais j'ose espérer qu'il soit bon. Concentré sur mon service, je reste fier de n'avoir renversé aucun verre ni bouteille, véridique !

Postface

Vous qui m'avez lu jusqu'ici, peut être comprenez-vous maintenant quelle fut ma vie, orientée magistralement par l'élan surnaturel de la glisse, urbaine, parce que la plus accessible, montagnarde parce que je suis né dans une campagne neigeuse proche des Alpes, et enfin océanique, car l'attrait mythique du surf m'eut emporté. Durant toutes ces années, je n'ai cessé d'écrire, et aujourd'hui je suis satisfait de vous avoir livré ce texte aussi simplement que je l'ai vécu, mais non sans émotion : Avec passion. Dans la vie, rien de grand ne s'accomplit sans elle, comme le disait Hegel en Allemagne, peut être au même moment que la Révolution Française. Aussi, garder ces quelques traces, non exhaustives bien entendu, relève pour moi d'un défi assez important, car contrairement à beaucoup de mes amis de jeunesse, je ne conserve qu'une grande histoire, du baratin, et cette expérience où réside une seule et vraie richesse. Raison pour laquelle j'ai décidé de la partager avec vous. Attention, tout n'est pas dit jusqu'ici, cette mémoire sélective est subjective, ce sont mes choix d'influence, gardez la part des choses. Et puis, vous qui me connaissez peut être, il y aura toujours VOTRE version de l'histoire, que j'écouterai attentivement et avec bonheur lors de nos prochains instants partagés. J'espère que ces quelques aventures vous auront enrichi, diverti, amusé ou pourquoi pas interrogé, tout comme je l'ai été. Demain si par malheur vous m'apercevez, un jour en train de dériver vers la posture tellement répandue en 2023 de coach de « vie » ou « expert en développement personnel », s'il vous plait, renvoyez-moi gentiment patiner ou skater quelque part... Je vous saurais gré.

Imprimé en Allemagne
Achevé d'imprimer en août 2023
Dépôt légal : août 2023

Pour

Le Lys Bleu Éditions
40, rue du Louvre
75001 Paris

www.ingramcontent.com/pod-product-compliance
Lightning Source LLC
Chambersburg PA
CBHW062344010826
49168CB00024B/256

* 9 7 9 1 0 4 2 2 0 4 2 9 7 *